UNA VERDAD INCÓMODA

RÍO CANEY FORK,
CARTHAGE, TENNESSEE, 2006.
FOTOGRAFÍA DE TIPPER GORE

An Inconvenient Truth
Copyright © 2006 by Al Gore

Una verdad incómoda
Copyright © 2007 Editorial Gedisa S.A.

Traducción: Rafael González del Solar

Diseño: mgmt.design

Primera edición: marzo de 2007, Barcelona

© Editorial Gedisa, S.A.,
Paseo de la Bonanova, 9, 1º 2ª
08022 Barcelona (España)
Tel. (+34) 93 253 09 04
Fax (+34) 93 253 09 05
Correo electrónico: gedisa@gedisa.com
www.gedisa.com
www.verdadincomoda.net

Impreso en España por Sagrafic (Plaza Urquinaona 14, 7º 3ª, Barcelona,
España)

Esta edición de *Una verdad incómoda* se ha impreso en los talleres de Sagrafic
de Barcelona. El papel utilizado para el interior es «Artic volumen de 115 g», de
la fábrica Artic Paper, que tiene certificado FSC (Forest Stewardship Council).
La cartulina de la cubierta es «Crescendo de 300 g» de la fábrica Meadwest-
vaco, que tiene certificado PEFC (Programme for the Endorsement of Forest
Certification Schemes). Ambos son papeles originados en bosques generados
sosteniblemente y de los que existe certificación total respecto a la cadena de
producción del papel.

ISBN: 978-84-9784-203-7
Depósito legal: B. 4618-2007

UNA VERDAD INCÓMODA

LA CRISIS PLANETARIA DEL CALENTAMIENTO GLOBAL Y CÓMO AFRONTARLA

AL GORE

gedisa
editorial

AL Y TIPPER GORE, UN MES
ANTES DEL NACIMIENTO DE SU
PRIMERA HIJA, KARENNA, EN EL
RÍO CANEY FORK, CARTHAGE,
TENNESSEE, 1973.

A mi amada esposa y compañera, Tipper,
quien ha estado conmigo durante todo este viaje.

Introducción

Algunas experiencias son tan intensas que, mientras ocurren, el tiempo parece detenerse completamente. Cuando éste reanuda su andar y nuestras vidas vuelven a su curso normal, esas experiencias continúan siendo vívidas, rehúsan quedarse en el pasado y permanecen para siempre con nosotros.

Hace diecisiete años, mi hijo menor fue mal herido, casi fatalmente herido. Es una historia que ya he contado, pero para mí su significado continúa cambiando y haciéndose cada vez más profundo.

Algo parecido ocurre con la historia que durante tantos años he intentado contar acerca de lo que está ocurriendo con el medio ambiente global. Durante aquel interludio, hace diecisiete años, comencé a escribir mi primer libro, *La Tierra en juego*. El accidente de mi hijo y el modo en que interrumpió, de manera abrupta, el flujo de mis días y mis horas fue la causa de que comenzara a reconsiderar todo, especialmente cuáles habían sido mis prioridades hasta el momento. Afortunadamente, ya hace mucho que mi hijo se ha recuperado totalmente. Pero durante ese traumático periodo experimenté al menos dos cambios duraderos: juré solemnemente que mi familia sería siempre lo primero y que la crisis climática sería la máxima prioridad en mi carrera profesional.

Por desgracia, desde aquellos años, el tiempo no se ha detenido para el medio ambiente global. El ritmo de destrucción ha empeorado y la necesidad urgente de una respuesta se ha hecho aun más acuciante.

La trama esencial de la historia de la crisis climática es hoy muy parecida a como era entonces. La relación entre la civilización y la Tierra ha sido totalmente transformada por una combinación de factores que incluye la explosión poblacional, la revolución tecnológica y el deseo de ignorar las consecuencias futuras de nuestras acciones presentes. La realidad subyacente es que estamos chocando con el sistema ecológico del planeta y que sus componentes más vulnerables se están desmoronando a consecuencia de ello.

Con los años, he aprendido mucho más acerca de este problema. He leído y escuchado a los principales científicos del mundo y sus advertencias cada vez más terroríficas. He observado con creciente preocupación cómo la crisis gana fuerza aún más rápidamente de lo que nadie había previsto.

En cada rincón del globo –sobre la tierra y en el agua, en el hielo que se licua y la nieve que se derrite, durante las olas de calor y las sequías, en los ojos de los huracanes y en las lágrimas de los refugiados– el mundo es testigo de pruebas cada vez más abundantes e innegables de que los ciclos de la naturaleza están cambiando profundamente.

He aprendido que, más allá de la muerte y los impuestos, hay al menos un hecho indiscutible: el calentamiento global causado por los seres humanos no sólo es real, sino que se está haciendo cada vez más peligroso, a un ritmo que lo ha convertido en una emergencia planetaria.

Parte de lo que he aprendido en los últimos catorce años es también resultado de cambios en mis circunstancias personales. Desde 1992, han ocurrido muchas cosas en mi vida. Todos nuestros hijos han crecido y nuestras dos hijas mayores se han casado. Ahora, Tipper y yo tenemos dos nietos. Mis dos padres y la madre de Tipper han muerto.

Menos de un año después de la publicación de *La Tierra en juego* fui elegido vicepresidente de EE. UU., cargo en el que permanecí ocho años. Como miembro de la Administración Clinton-Gore, tuve la oportunidad de promover un ambicioso programa de nuevas iniciativas políticas que abordaban la crisis climática.

En aquel tiempo descubrí en carne propia cuán ferozmente resistiría el Congreso los cambios que le urgíamos que llevara a cabo; y observé con creciente desaliento cómo esa resistencia se hacía mucho, mucho peor al hacerse cargo del Congreso, en 1994, el Partido Republicano y sus nuevamente agresivos líderes conservadores.

Organicé y llevé a cabo innumerables eventos para ampliar la concienciación pública acerca de la crisis climática y edificar un mayor apoyo público para la acción en el Congreso. Aprendí también numerosas lecciones acerca de los significativos cambios en la naturaleza y la calidad del «diálogo democrático» de EE. UU., ocurridos en las últimas décadas. Aprendí, en particular, que los valores del espectáculo han transformado eso que solíamos llamar noticias y que ya es rutinario impedir el acceso al discurso público a los portadores de ideas independientes.

En 1997, ayudé a conseguir un importante adelanto en las negociaciones de Kioto, Japón, en las cuales el mundo bosquejó un tratado fundacional, cuya meta es controlar la contaminación que produce el calentamiento global. Pero luego regresé a casa y todos mis esfuerzos por conseguir apoyo para ese tratado en el Senado de EE. UU. resultaron infructuosos.

En 2000, presenté mi candidatura a presidente. Fue una campaña larga y difícil que finalizó en la decisión, de cinco contra cuatro de los miembros del Tribunal Supremo, de suspender el recuento de votos en el estado decisivo de Florida. Fue un golpe muy duro.

Luego vi a George W. Bush jurar como presidente. Ya en su primera semana en funciones, el presidente Bush incumplió su promesa electoral de regular las emisiones de CO_2, promesa esta que había ayudado a convencer a muchos votantes de que estaba auténticamente comprometido con los asuntos relacionados con el medio ambiente.

Muy pronto tras las elecciones quedó claro que la Administración Bush-Cheney estaba determinada a obstaculizar cualquier iniciativa política diseñada para limitar la contaminación asociada al calentamiento global. Bush y Cheney lanzaron una ofensiva total para hacer retroceder, para debilitar y –allí donde fuese posible– elim nar totalmente las leyes y reglamentaciones existentes. En efecto, hasta abandonaron la retórica acerca del calentamiento global previa a las elecciones, proclamando que, en opinión del presidente, el calentamiento global no era ningún problema.

Mientras la nueva Administración se ponía en marcha, yo tenía que tomar decisiones acerca de lo que haría con mi vida. Después de todo, me había quedado sin trabajo. No fue, por cierto, una época fácil, pero me ofreció la oportunidad de un nuevo comienzo, de tomar distancia y reflexionar hacia dónde tenía que dirigir mis energías.

Empecé dando cursos en dos universidades de Tennessee y, junto con Tipper, publiqué dos libros sobre la familia estadounidense. Nos mudamos a Nashville y compramos una casa a menos de una hora en coche de nuestra granja de Carthage. Me introduje en el mundo de los negocios y, en su momento, monté dos nuevas empresas y me convertí en asesor de dos importantes compañías de alta tecnología que ya estaban establecidas.

Me siento enormemente emocionado por estas aventuras y me considero afortunado por haber encontrado un modo de ganarme la vida y, a la vez, cambiar el mundo –al menos un poco– en la dirección correcta.

Con mi socio, Joel Hyatt, comenzamos Current TV, una red de noticias e información por cable y por satélite dirigida a jóvenes de veintitantos años, basada en una idea que, en nuestra sociedad actual, resulta revolucionaria: que los propios espectadores puedan confeccionar los programas y, en el proceso, participar en el foro público de la democracia estadounidense. Con mi socio David Blood, también fundé Generation Investment Management, una firma dedicada a probar que el medio ambiente y otros factores de sostenibilidad pueden integrarse completamente en el proceso de inversiones principal, de un modo que incrementa la rentabilidad de nuestros clientes y, a la vez, alienta a los negocios a operar de manera más sostenible.

Al principio pensé que tal vez podría presentarme nuevamente a una elección presidencial, pero en los últimos años he descubierto que hay otras maneras de prestar servicio y que realmente las estoy disfrutando.

También estoy determinado a continuar dando charlas sobre política pública y –tal como he hecho en casi todas las encrucijadas de mi vida– a hacer del medio ambiente global el foco de mi atención.

Desde aquellos veranos de mi niñez en los que mi padre me iniciara en el cuidado de la tierra, allá en nuestra granja familiar, en Tennessee, he estado profundamente interesado en saber más acerca de las amenazas al medio ambiente. He vivido una mitad de mi vida de niño en la ciudad y la otra en el campo, y la mitad que más he amado es la que pasé en nuestra granja. Desde aquella vez en la que mi madre nos leyó a mi hermana y a mí algunos párrafos del clásico de Rachel Carson, *Primavera silenciosa*, y especialmente desde que conocí la idea del calentamiento global, gracias a mi profesor Roger Revelle, siempre he intentado profundizar mi comprensión del impacto humano en la naturaleza y, mientras fui funcionario público, intenté llevar a cabo iniciativas políticas que mitigaran –y, en su momento, eliminaran– ese impacto perjudicial.

Durante la Administración Clinton-Gore, logramos muchas cosas en lo referente a los problemas ambientales, aun cuando, con la hostilidad del Congreso republicano, hicimos menos de lo que era necesario hacer. Desde el cambio de Administración, he observado con creciente preocupación que los avances que habíamos conseguido han sido casi totalmente revertidos.

Después de las elecciones de 2000, una de las cosas que decidí fue comenzar a exhibir mis diapositivas sobre el calentamiento global otra vez. Las había preparado mientras escribía *La Tierra en juego* y, en el transcurso de los años, he ido aumentando y mejorando continuamente el conjunto, hasta el punto de que ahora pienso que conforman un argumento convincente, al menos para la mayor parte de los auditorios, de que los humanos son la causa del calentamiento global actual y que, a menos que actuemos rápidamente, las consecuencias para nuestro hogar planetario podrían ser irreversibles.

Durante los últimos seis años he estado viajando por el mundo, compartiendo la información que he recopilado con todo aquel que quisiera prestarme atención. He ido a universidades, a pueblos pequeños y a grandes ciudades. He comenzado a notar cada vez con mayor intensidad que estoy

cambiando opiniones, pero se trata de un proceso lento.

Una tarde de primavera de 2005, estaba ofreciendo mi presentación a un grupo en Los Ángeles, cuando, después de la exposición, varias personas se acercaron y me sugirieron que pensara en la posibilidad de hacer una película sobre el calentamiento global. Este auditorio en particular incluía a algunas figuras bien conocidas de la industria del espectáculo, incluyendo al activista ambiental Laurie David y el productor cinematográfico Lawrence Bender, de tal modo que sabía que sus intenciones eran serias. Pero no tenía la menor idea de cómo mi presentación de diapositivas podía convertirse en una película. Laurie y Lawrence me pidieron una nueva reunión y me presentaron a Jeff Scoll –fundador y jefe ejecutivo de Participant Productions–, quien se ofreció a financiar la película, y al muy talentoso veterano del cine Davis Guggenheim, quien se mostró interesado en dirigirla. Tiempo después, Scott Burns se unió al equipo de producción y Lesley Chilcott se convirtió en el coproductor y legendario «capataz».

Mi principal preocupación en todo este proceso era que la transformación de la presentación de diapositivas en una película no sacrificara el papel central de la ciencia en aras del espectáculo. Pero a medida que más conversaba con este extraordinario grupo y sentía su profundo compromiso con exactamente las mismas metas que yo perseguía, más me convencía de que la película era una buena idea. Si en lugar de seguir hablando a unos pocos cientos de personas cada noche, quería llegar rápidamente al mayor número de ellas posible, una película era la manera de conseguirlo. Esa película, llamada también *Una verdad incómoda*, ya se ha hecho y estoy muy emocionado por ello.

Pero, en realidad, la idea del libro sobre la crisis climática llegó primero. Fue Tipper quien por primera vez me sugirió que escribiera una nueva clase de libro, con fotografías y gráficos que hicieran que el mensaje en su totalidad fuese más fácil de seguir y que combinara muchos elementos de mi presentación con todo el material nuevo que había recopilado en los últimos años.

Dicho sea de paso, Tipper y yo hemos donado el 100% de los beneficios del libro –y también de la película– a un proyecto bipartito, sin fines de lucro, cuya finalidad es orientar la opinión pública de EE.UU. hacia el apoyo de acciones decididas para hacer frente al calentamiento global.

Después de más de treinta años como estudioso de la crisis climática, tengo mucho que compartir. He intentado contar esta historia de tal manera que interesara a toda clase de lectores. Mi esperanza es que aquellos que lean el libro y vean la película comiencen a pensar, tal como he hecho yo durante mucho tiempo, que el calentamiento global no atañe sólo a la ciencia y que no se trata únicamente de un problema político. En realidad, es un problema moral.

Si bien es verdad que, en ocasiones, la política debe desempeñar un papel crucial en la resolución de este problema, se trata de un tipo de desafío que necesariamente tiene que trascender todo partidismo. En consecuencia, ya sea usted demócrata o republicano, haya votado por mí o no, espero fervorosamente que perciba que mi finalidad es compartir con usted tanto mi pasión por la Tierra como mi profunda preocupación por su destino. Es imposible experimentar una de ellas y no la otra cuando se conocen todos los hechos.

Quiero, también, transmitir mi gran convencimiento de que lo que enfrentamos no es solamente una causa de alarma; paradójicamente, también es causa de esperanza. Como muchos saben, la expresión china para «crisis» consiste en dos caracteres uno junto a otro: 危机. El primero es el símbolo de «peligro», el segundo el símbolo de «oportunidad».

La crisis climática es, en efecto, extremadamente peligrosa. De hecho, se trata de una auténtica emergencia planetaria. Dos mil científicos pertenecientes a cien países, trabajando durante más de veinte años en lo que constituye la empresa de colaboración científica más elaborada y mejor organizada de la historia de la humanidad, han forjado un consenso extraordinariamente sólido acerca de que las naciones de la Tierra deben trabajar unidas para resolver la crisis del calentamiento global.

Las ingentes cantidades de pruebas disponibles sugieren ahora insistentemente que, a menos que actuemos con decisión y rapidez para tratar las causas subyacentes del calentamiento global, nuestro mundo sufrirá una serie de terribles catástrofes,

incluyendo más y más fuertes tormentas como el huracán Katrina, tanto en el Atlántico como en el Pacífico.

Estamos fundiendo el casquete polar ártico y los glaciares de montaña de prácticamente toda la Tierra. Estamos desestabilizando la gigantesca capa de hielo de Groenlandia y la igualmente enorme masa de hielo acumulada sobre las islas de la Antártida occidental, con la consecuente amenaza de un incremento mundial en los niveles del mar de hasta seis metros.

La lista de lo que actualmente está en peligro a causa del calentamiento global incluye también la permanencia de la configuración estable de las corrientes oceánicas y los vientos que han estado en su lugar desde antes de que las primeras ciudades fuesen construidas, hace casi diez mil años.

Estamos emitiendo tal cantidad de dióxido de carbono al medio ambiente de la Tierra que hasta hemos cambiado la relación entre nuestro planeta y el Sol. La cantidad de CO_2 que está siendo absorbida por los océanos es tal que, si continuamos al ritmo actual, incrementaremos la saturación de carbonato de calcio hasta niveles que impedirán la formación del coral e interferirán en la formación de las conchas de todas las criaturas marinas.

El calentamiento global, así como la tala y quema de bosques y otros hábitats de crucial importancia, están causando la pérdida de especies vivientes a un nivel comparable al acontecimiento de extinción masiva que borró a los dinosaurios de la faz de la Tierra, hace sesenta y cinco millones de años. Se cree que ese evento fue causado por un gigantesco asteroide. Esta vez, lo que produce la devastación no es el choque de un asteroide contra la Tierra; somos nosotros.

El año pasado, las academias nacionales de ciencias de once de los países más influyentes del mundo se unieron para hacer un llamamiento conjunto a todas las naciones a «reconocer que la amenaza del cambio climático es clara y creciente», y afirmar que «la comprensión científica de los cambios del clima es actualmente lo bastante clara como para justificar que los países tomen medidas de manera inmediata».

Por lo tanto, el mensaje es inconfundiblemente diáfano. Esta crisis quiere decir «¡peligro!».

¿Por qué nuestros líderes no parecen oír esta clara advertencia? ¿Se trata simplemente de que oír la verdad no les conviene?

Si la verdad no es agradable, puede parecer mejor ignorarla. Pero la amarga experiencia nos ha enseñado que las consecuencias de hacerlo pueden ser graves.

Por ejemplo, la primera vez que se nos advirtió de que en Nueva Orleans los diques estaban a punto de romperse por causa del huracán Katrina, esas advertencias fueron ignoradas. Más tarde un grupo bipartito de miembros del Congreso presidido por el diputado Tom Davis, del partido republicano de Virginia, presidente del Comité de la Cámara de Representantes para la Supervisión y la Reforma del Gobierno, expresaba en un informe oficial que «la Casa Blanca no ha actuado en conformidad con la enorme cantidad de información a su disposición», y que una «intensa falta de conciencia de la situación y una toma de decisiones desarticulada, aumentaron y prolongaron innecesariamente el horror del Katrina».

Hoy en día, oímos y vemos graves advertencias de la peor catástrofe potencial de la historia de la civilización humana, una crisis climática global que se está haciendo cada vez más profunda y más peligrosa que cualquier otra cosa a la que antes hayamos hecho frente.

Y, con todo, estos claros avisos son también recibidos con una «intensa falta de conciencia de la situación», en este caso, del Congreso, además del presidente.

Tal como dijera Martin Luther King Jr. en un discurso, no mucho antes de ser asesinado:

«Ahora nos enfrentamos al hecho, amigos míos, de que el mañana es hoy. Estamos frente a la feroz urgencia del ahora. En este dilema de la vida y la historia que se despliega ante nuestros ojos, existe algo que es llegar demasiado tarde.

»La postergación sigue siendo el ladrón del tiempo. A menudo la vida nos deja al descubierto, desnudos y abatidos ante una oportunidad perdida. La marea de los asuntos de los hombres no se mantiene siempre alta, también desciende. Podemos implorar desesperadamente al tiempo que haga una pausa en su transcurrir, pero el tiempo es inflexible a toda súplica y se apresura sin remedio. Sobre los huesos

anqueados y los restos amontonados de
merosas civilizaciones están escritas las
téticas palabras: "Demasiado tarde".
ay un invisible libro de la vida que regis-
 fielmente nuestra diligencia y nuestra
gligencia. Omar Jayam tiene razón: "El
do que se mueve escribe y cuando ha
crito sigue adelante"».

Pero junto con el peligro de calenta-
iento global que afrontamos, esta crisis
mbién nos trae oportunidades sin pre-
dentes.

¿Cuáles son esas oportunidades que nos
rece esta crisis? No sólo incluyen nuevos
abajos y nuevas ganancias, aunque ha-
á abundancia de ambos: podemos cons-
ir motores limpios, domesticar el Sol y el
ento; podemos dejar de derrochar ener-
a y utilizar los abundantes recursos de
rbón que hay nuestro planeta sin elevar
 temperatura.

Aquellos que postergan y niegan desea-
an hacernos creer que eso será excesiva-
ente caro. Pero en los últimos años, doce-
as de compañías han detenido sus
nisiones de gases de efecto invernadero
la vez que ahorraban dinero. Algunas de
s empresas más grandes del mundo se
tán moviendo enérgicamente para apro-
echar las enormes oportunidades econó-
icas que ofrece un futuro de energías
npias.

Pero hay algo aun más precioso que
odemos ganar si hacemos lo que debe-
os. La crisis climática también nos
rece la oportunidad de experimentar lo
e muy pocas generaciones en la histo-
a han tenido el privilegio de conocer:
a misión generacional; el estímulo de
n poderoso propósito moral; una causa
mpartida y unificadora; la intensa sen-
ción que proviene de estar obligados
or las circunstancias a dejar de lado la
ezquindad y el conflicto que tan a me-
do ahoga la inquieta necesidad huma-
a de trascendencia; la oportunidad de
onernos de pie.

Cuando nos pongamos de pie, eso nos
enará los espíritus y nos unirá. Aquellos
ue ahora se están sofocando en el cinis-
o y la desesperación podrán respirar li-
remente. Aquellos que ahora sufren la
érdida del significado de sus vidas encon-
arán la esperanza.

Cuando nos pongamos de pie, experi-
entaremos una revelación al descubrir

que, en realidad, esta crisis no es en absoluto una cuestión política. Se trata de un
desafío moral y espiritual.

Están en juego la supervivencia de nuestra civilización y la habitabilidad de la Tierra. O, tal como lo ha expresado un científico prominente, la pregunta pendiente es si
la combinación de un pulgar oponible y un
neocórtex es viable en nuestro planeta.

La comprensión que obtendremos
–acerca de quiénes somos en realidad–
nos dará la capacidad moral de hacer
frente a otros desafíos relacionados que
también requieren desesperadamente
una redefinición como imperativos morales con soluciones prácticas: el VIH/sida y
otras pandemias que azotan a tantas personas; la pobreza mundial; la redistribución de la riqueza que en la actualidad se
da desde los pobres hacia los ricos en
todo el planeta; el actual genocidio de
Darfur; la presente hambruna en Níger y,
en todos lados, las guerras civiles cróni-
cas; la destrucción de las pesquerías
oceánicas; las familias que no funcionan;
las comunidades que no dialogan; la erosión de la democracia en EE. UU. y la re-
feudalización del foro público.

Considérese lo ocurrido durante la crisis del fascismo global. Al principio, hasta
la verdad sobre Hitler era incómoda. En
Occidente, muchas personas tenían la esperanza de que el peligro sencillamente
desapareciera. Ignoraron las claras advertencias, hicieron concesiones al mal y es-
peraron, con la esperanza de que ocurriera lo mejor.

Después de la culminación de la política
de apaciguamiento en el pacto de Múnich,
Churchill declaró: «Este es sólo el primer
sorbo, el primer anticipo de un amargo cá-
liz que se nos ofrecerá año tras año, a menos que, mediante una recuperación su-
prema de nuestra salud moral y el vigor
marcial, volvamos a levantarnos y a ponernos del lado de la libertad».

Pero cuando Inglaterra y luego EE. UU. y
nuestros aliados finalmente se levantaron
para arrostrar la amenaza, juntos ganamos
dos guerras simultáneamente: en Europa y
en el Pacífico.

Hacia el final de esa guerra terrible, habíamos obtenido la autoridad moral y la
perspectiva para crear el plan Marshall ¡y
convencer a los contribuyentes de que pa-
garan por él! Habíamos obtenido la capaci-

dad espiritual y la sabiduría necesarias
para reconstruir Japón y Europa e iniciar la
recuperación de las mismas naciones que
acabábamos de derrotar en la guerra, un
proceso en el cual pusimos los cimientos
de cincuenta años de paz y prosperidad.

También éste es un momento moral, una
encrucijada. No se trata, en última instancia, de ninguna discusión científica o diálogo político. Se trata de nuestra capacidad
de trascender nuestras propias limitaciones, de ponernos de pie en esta nueva oca-
sión. De ver con nuestros corazones, a la
vez que con nuestras mentes, la respuesta
que hoy se nos exige. Se trata de un desafío moral, ético y espiritual.

No hemos de temer este desafío. Hemos
de darle la bienvenida. No debemos esperar. En palabras del Dr. King, «el mañana
es hoy».

Comencé esta introducción con la des-
cripción de una experiencia, ocurrida diecisiete años atrás que, para mí, detuvo el
tiempo. Durante ese doloroso periodo de-
sarrollé una nueva capacidad de tomar
conciencia de cuán preciosa era la relación
con nuestros hijos y la solemnidad de
nuestra obligación de salvaguardar su futuro y proteger la Tierra que les estamos
legando.

Imagina conmigo, lector, que una vez
más el tiempo se ha detenido para todos
nosotros y que, antes de que reinicie su
curso, tenemos la oportunidad de utilizar
nuestra imaginación moral y proyectarnos
diecisiete años hacia el futuro para compartir una breve conversación con nuestros
hijos y nietos, mientras llevan adelante sus
vidas en el año 2023.

¿Sentirán resentimiento hacia nosotros
porque no cumplimos con nuestra obligación de cuidar la Tierra, que es tanto su
hogar como el nuestro? ¿Habremos infligi-
do a la Tierra cicatrices irreversibles?

Imagine ahora, lector, que nos pregun-
tan: ¿En qué estabais pensando? ¿No os
importaba nuestro futuro? ¿Realmente estabais tan ensimismados que no pudisteis
–o no quisisteis– detener la destrucción
del medio ambiente de la Tierra?

¿Cuál sería nuestra respuesta?

Podemos responder sus preguntas ahora, con nuestras acciones, no solamente
con nuestras promesas. Mientras tanto,
podemos escoger un futuro por el cual
nuestros hijos nos darán las gracias.

Para la mayoría de nosotros, ésta fue la primera fotografía de la Tierra desde el espacio que pudimos ver. Fue tomada la Nochebuena de 1968, durante la misión del Apolo 8, la primera de las misiones Apolo en abandonar los límites de la órbita próxima a la Tierra y girar alrededor de la Luna en busca de sitios para descender antes de que el Apolo 11 alunizara, el verano siguiente.

La nave cruzó al lado oscuro de la Luna y, tal como se esperaba, perdió el contacto de radio. Aunque todos comprendíamos la causa de tan dilatado silencio, ése fue, inevitablemente, un momento de gran expectación. Luego, cuando el contacto de radio se reestableció, la tripulación se encontró con esta espectacular visión.

Mientras la tripulación observaba cómo la Tierra emergía del oscuro vacío del espacio, el comandante de la misión, Frank Borman, leía el libro del Génesis: «En el principio Dios creó los Cielos y la Tierra».

Uno de los astronautas a bordo, un novato llamado Bill Anders, tomó esta instantánea que más tarde sería conocida con el nombre de «La salida de la Tierra». La imagen tuvo un gran impacto en la conciencia de la humanidad. De hecho, dos años después de que se tomara esta fotografía, nacía el movimiento ecologista La Ley del Aire Limpio (Clean Air Act), la Ley del Agua Limpia (Clean Water Act), la Ley de Política Medioambiental Natural (Natural Environmental Policy) y el primer Día de la Tierra, todo ello tuvo lugar en unos pocos años a partir de que viéramos esta fotografía por primera vez.

Al día siguiente de ser tomada, durante la Navidad de 1968, Archibald MacLeish escribió:

«Ver a la Tierra tal como es realmente, pequeña y azul y hermosa en ese silencio eterno en el que flota, es vernos a nosotros unidos como tripulantes de esa Tierra, hermanos en esa brillante belleza en el frío eterno; hermanos que ahora saben que verdaderamente lo son».

Ésta es la última fotografía de nuestro planeta hecha por un ser humano desde el espacio. Fue tomada en diciembre de 1972, durante la misión Apolo 17 –la última misión Apolo– desde un punto a medio camino entre la Tierra y la Luna.

Lo que hace a esta imagen tan extraordinaria es que se trata de la única fotografía de la Tierra que tenemos tomada desde el espacio con el Sol directamente detrás de la nave espacial.

Del mismo modo que los eclipses de Sol ocurren sólo en esas raras ocasiones en que la Tierra, el Sol y la Luna están alineados, éste fue el único momento, durante la serie cuatrienal de misiones Apolo, en el cual el Sol estuvo ubicado casi directamente detrás de la Luna, mientras la nave espacial viajaba. Y así, en lugar de estar parcialmente oculta entre las sombras, la Tierra aparece completamente iluminada.

Por esa razón, esta imagen se ha convertido en la fotografía más publicada de la historia. Ninguna otra imagen se le aproxima siquiera. De hecho, cuando usted observa una fotografía de la Tierra, el 99% de las ocasiones lo que está viendo es esta fotografía.

Estas mágicas imágenes de la Tierra fueron compuestas por un amigo mío, Tom Van Sant, quien, a lo largo de un periodo de tres años, revisó tres mil imágenes obtenidas desde satélites y escogió cuidadosamente aquellas que mostraban porciones libres de nubes de la superficie de la Tierra. Después pegó digitalmente las imágenes para crear una vista compuesta de todo el planeta, en la cual toda la superficie del mismo fuese claramente visible.

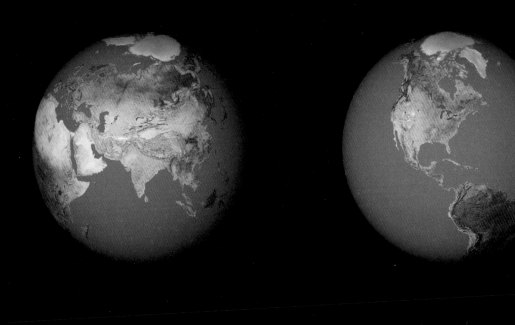

A causa de que las imágenes de Van Sant son representaciones de una esfera, la única manera de ver cada parte de la Tierra de manera simultánea es volcar cada una de ellas en una imagen plana llamada proyección. Inevitablemente, toda proyección causa cierta distorsión en la forma y el tamaño de los continentes, sobre todo en la Antártida y el área que rodea el Polo Norte. Pero las imágenes aquí reproducidas están basadas en las más de tres mil fotografías que Van Sant ha utilizado para sus otras imágenes asombrosas de la Tierra.

Esta imagen se ha convertido en un icono
utilizado en muchos atlas de todo el mundo,
incluyendo los de la National Geographic.

NO ES LO QUE NO
METE EN LÍOS. ES
CIERTO Y NO LO

SABES LO QUE TE LO QUE DAS POR ES.

MARK TWAIN

Se trata, realmente, de una cuestión muy importante, puesto que hay otra suposición que tal vez constituya el principal obstáculo en el camino hacia un entendimiento claro de la crisis climática. Aún hoy, muchas personas suponen –erróneamente– que la Tierra es tan grande que nosotros, los seres humanos, no podemos tener un impacto importante en la manera en que opera su sistema ecológico. Esta afirmación pudo haber sido válida en su momento, pero ya no lo es. Nuestra población ha crecido tanto y nuestra tecnología se ha hecho tan poderosa que actualmente podemos ejercer una influencia significativa sobre muchas partes del medio ambiente de la Tierra. La parte más vulnerable del sistema ecológico terrestre es la atmósfera. Su vulnerabilidad deriva de su delgadez.

Mi amigo el fallecido Carl Sagan solía decir: «Si tuvieras un globo cubierto con una capa de barniz, el espesor de ese barniz sería aproximadamente el mismo de la atmósfera terrestre en comparación con el tamaño de la Tierra».

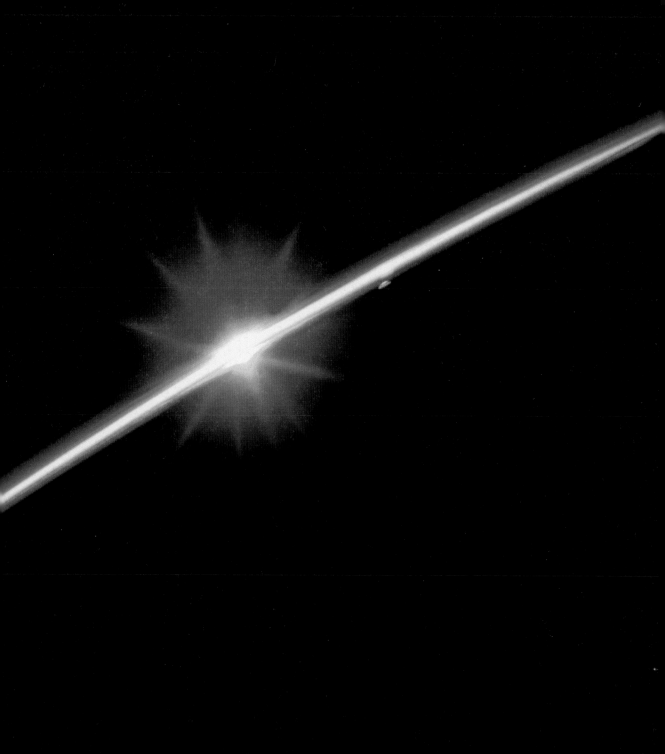

MEJORAMIENTO DIGITAL DE UNA
FOTOGRAFÍA, TOMADA DESDE EL
ESPACIO, DEL SOL SALIENDO
DESDE DETRÁS DE LA TIERRA,
1984.

La atmósfera es lo bastante delgada como para que podamos cambiar su composición.

En efecto, la atmósfera terrestre es tan delgada que tenemos el poder de alterar enormemente la concentración de algunos de sus componentes moleculares básicos. En particular, hemos aumentado enormemente la cantidad de dióxido de carbono, el más importante de los llamados gases invernadero.

Estas imágenes ilustran la ciencia básica del calentamiento global. La energía del Sol penetra en la atmósfera en forma de ondas de luz y calienta la Tierra. Parte de esa energía eleva la temperatura de la Tierra y después es irradiada de vuelta al espacio, en forma de radiación infrarroja.

En condiciones normales, una porción de la energía irradiada es naturalmente atrapada por la ionosfera, lo cual es bueno porque mantiene la temperatura de la Tierra dentro de unos límites confortables. Los gases invernadero de Venus son tan espesos que las temperaturas de este planeta son demasiado elevadas para los seres humanos. Los gases invernadero que rodean Marte son casi inexistentes, de manera que allí la temperatura es demasiado baja. Ése es el motivo de que, en ocasiones, se diga que la Tierra es un «planeta Ricitos de Oro»: aquí, las temperaturas son perfectas.

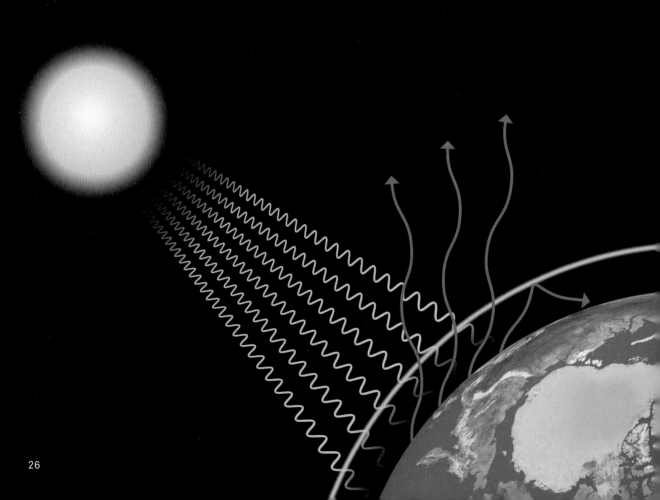

El problema al que nos enfrentamos ahora es que esa delgada capa de atmósfera se está haciendo más espesa a causa de las enormes cantidades de dióxido de carbono producido por los seres humanos. A medida que se vuelve más gruesa, la atmósfera atrapa mucha de la energía irradiada que, de otro modo, habría escapado hacia el universo. Como resultado, la temperatura de la atmósfera –y de los océanos– de la Tierra se está elevando peligrosamente. En eso consiste la crisis climática.

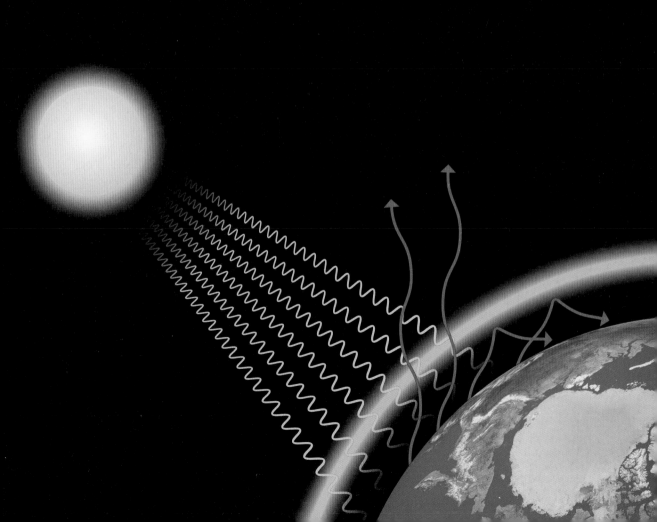

¿QUÉ SON EXACTAMENTE LOS GASES INVERNADERO?

Habitualmente, cuando hablamos de gases invernadero y cambio climático, el dióxido de carbono es el que recibe más atención. Hay, también, otros gases invernadero, pero el CO_2 es, con mucho, el más importante.

Lo que todos los gases que producen el efecto invernadero tienen en común es que si bien permiten que la luz que proviene del Sol atraviese la atmósfera, no dejan salir una parte de la radiación infrarroja rebotada por la Tierra, y esta radiación calienta el aire.

Cierta cantidad de gases invernadero resulta beneficiosa. Sin ellos, la temperatura promedio de la superficie de la Tierra rondaría los −18 ºC: un ambiente nada agradable para vivir. Los gases invernadero contribuyen a mantener la superficie terrestre en un promedio mucho más hospitalario: casi 15 ºC. Sin embargo, a causa de las crecientes concentraciones de gases invernadero producidas por los seres humanos en los tiempos modernos, estamos elevando la temperatura media del planeta y creando los peligrosos cambios en el clima que todos vemos a nuestro alrededor. El CO_2

adquiere, habitualmente, el mayor protagonismo porque es responsable del 80% del total de las emisiones de gases invernadero. Cuando quemamos combustibles fósiles (petróleo, gas natural y carbón) en nuestros hogares, automóviles, fábricas y plantas eléctricas, o cuando producimos cemento, liberamos CO_2 a la atmósfera.

Al igual que el CO_2, tanto el metano (CH_4) como el óxido nitroso (N_2O) existen desde antes de nuestra presencia en la Tierra; la diferencia en la actualidad es que los hemos incrementado enormemente. El 60% del metano que hay en la atmósfera en el presente es producido por humanos; proviene de los vertederos, la cría de ganado, la quema de combustibles fósiles, el tratamiento de aguas residuales y otros procesos industriales. En la cría de ganado a gran escala, los desechos líquidos se almacenan en gigantescos tanques que emiten metano. En cambio, los desechos sólidos, que se dejan en los campos, no. El óxido nitroso –otro culpable del efecto invernadero– también existe en la naturaleza, pero hemos agregado un 17% más de este gas a la atmósfera, sólo en el transcurso de nuestra era industrial, a

partir de los fertilizantes, los combustibles fósiles y la quema de bosques y residuos de las cosechas.

El hexafluoruro de azufre (SF_6), los perfluorocarburos (PFC) y los hidrofluorocarburos (HFC) son todos gases invernadero producidos exclusivamente por la actividad humana. No sorprende, pues, que las emisiones de estos gases también se estén incrementando. Los HFC se utilizan como sustitutos de los clorofluorocarburos (CFC), los cuales fueron prohibidos porque sus emisiones, a partir de su uso en los sistemas de refrigeración y otros sitios, estaban destruyendo la capa de ozono. Los CFC también eran poderosos gases invernadero. Los PFC y el SF_6 son liberados a la atmósfera en actividades industriales tales como el soldado del aluminio y la fabricación de semiconductores, así como por la red eléctrica que ilumina nuestras ciudades.

Y, finalmente, el vapor de agua es un gas invernadero natural, cuyo volumen se incrementa a mayores temperaturas, aumentando con ello el impacto de los gases invernadero artificiales.

Ésta es la imagen que me hizo pensar por primera vez –y, más tarde, enfocar mi atención– en el calentamiento global. La vi a mediados de los años sesenta, mientras estaba en la universidad, durante un pequeño curso impartido por el segundo profesor del cual quiero hablarles: Roger Revelle.

El profesor Revelle fue el primer científico que propuso medir los niveles de CO_2 de la atmósfera terrestre. Él y el científico que contrató para realizar el estudio, Charles David Keeling, comenzaron a hacer mediciones diarias en medio del océano Pacífico, sobre la Isla Grande de Hawai, en 1958.

Después de unos pocos años, Revelle y Keeling tenían suficientes datos como para construir este gráfico que el profesor mostró en el curso al que asistí. Ya en esta temprana etapa de su experimento, estaba claro que la concentración de CO_2 estaba subiendo a un ritmo significativo en toda la atmósfera terrestre.

Pregunté a Revelle por qué la línea que marcaba la concentración de CO_2 se eleva y luego baja abruptamente cada año. Revelle nos explicó que –tal como se ilustra en esta fotografía– la gran mayoría de las masas continentales se encuentra al norte del Ecuador. Por tanto, la mayor parte de la vegetación también se encuentra al norte del Ecuador.

ECUADOR

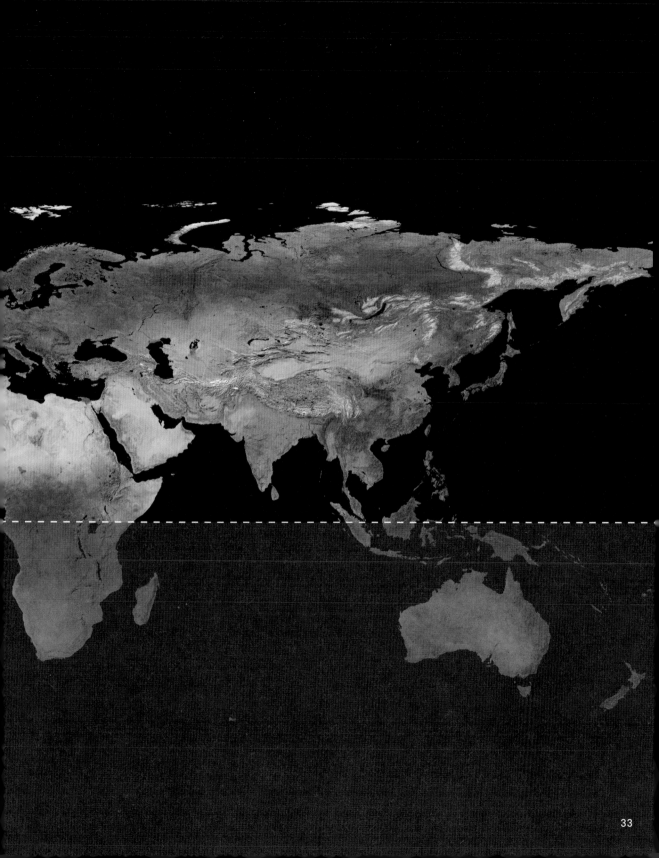

Como resultado, cuando el hemisferio norte se inclina hacia el Sol, durante la primavera y el verano septentrionales, salen las hojas y, a medida que utilizan el CO_2, la cantidad de CO_2 decrece en todo el mundo.

NIVELES DE CO_2

Cuando el hemisferio norte se inclina alejándose del Sol, en el otoño y el invierno septentrionales, las hojas caen y, a medida que expelen el CO_2, la cantidad de CO_2 en la atmósfera vuelve a incrementarse.

Es como si toda la Tierra hiciera una gran inspiración y una gran espiración una vez al año.

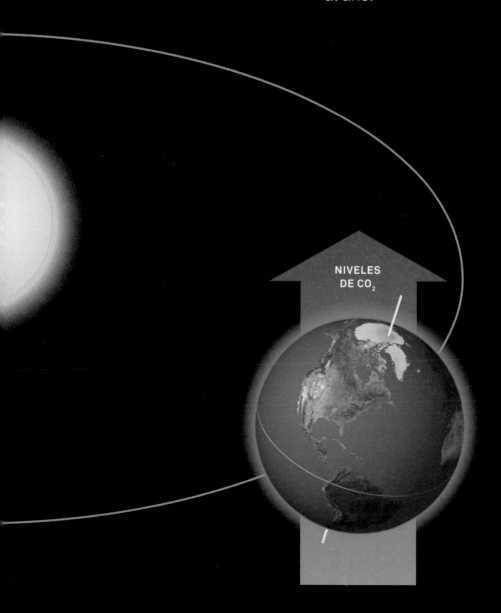

NIVELES
DE CO_2

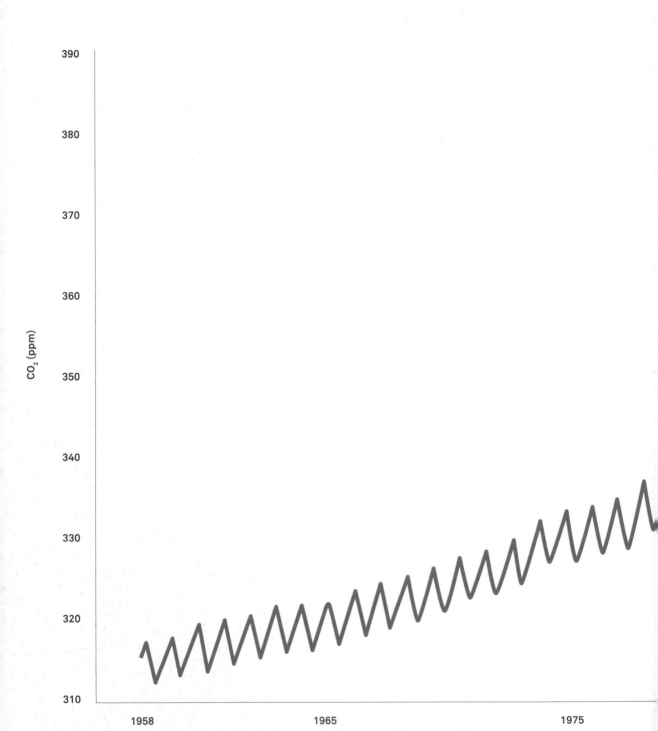

l mismo patrón de concentraciones de O$_2$ constantemente ascendientes que a era visible tras los primeros años de mediciones de Revelle ha continuado año tras año durante casi medio siglo. Este registro notable y pacientemente recoectado día a día es ahora una de las eries de mediciones más importantes e la historia de la ciencia.

La concentración preindustrial de CO$_2$ era de 280 partes por millón. En 2005, ese nivel, medido en lo alto del Mauna Loa, era de 381 partes por millón.

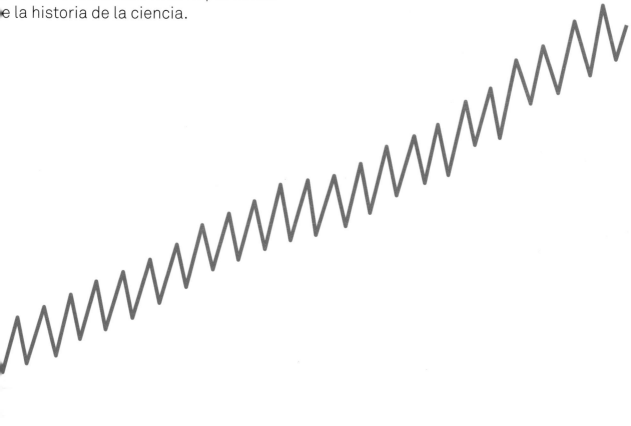

1985

1995

2005

ENTE: NOAA/SCRIPPS INSTITUTION OF OCEANOGRAPHY

Un héroe científico

Roger Revelle

———— ◆•◆ ————

En los años sesenta, en mi época de alumno universitario, estudié con un notable científico, el profesor Roger Revelle, quien fue la primera persona en proponer que se hicieran mediciones del CO_2 de la atmósfera de la Tierra.

Revelle era una figura impresionante, que parecía poseer un aire de autoridad poco común y siempre imponía respeto entre aquellos con quienes trataba. Una de las razones de ello puede haber sido que mis compañeros y yo sabíamos que, además de ser un docente carismático, también era –primero y antes que nada– un científico riguroso, dedicado a la experimentación cuidadosa y metódica, y al paciente análisis de las enormes cantidades de datos que recopilaba.

En la década de los años cincuenta del siglo pasado Revelle formuló lo que los científicos llaman una hipótesis, pero que a mí me parece que fue una intuición profética: Revelle vio claramente que la expansión económica posterior a la Segunda Guerra Mundial, impulsada por el explosivo crecimiento poblacional y alimentada principalmente por el carbón y el petróleo, probablemente produjese un peligroso aumento sin precedentes del CO_2 en la atmósfera

de la Tierra. En consecuencia, propuso y diseñó un audaz experimento científico: recoger muestras de las concentraciones de CO_2 en lo alto de la atmósfera terrestre, en múltiples lugares, todos los días, durante muchos años.

Aprovechando al máximo el Año Internacional de la Geofísica, que se iniciaba en 1957, Revelle consiguió financiación y contrató a un joven investigador llamado David Keeling. Revelle y Keeling establecieron su principal estación de investigación en lo alto del Mauna Loa, la más alta de las dos gigantescas montañas volcánicas de la Isla Grande de Hawai. Eligieron este sitio en medio del océano Pacífico debido a que las muestras que allí se tomaran no estarían contaminadas por las emisiones industriales locales.

Un año más tarde, comenzaron a lanzar globos aerostáticos y a analizar con gran esfuerzo la cantidad de CO_2 de las muestras de aire obtenidas cada día. Y después de los primeros años la tendencia ya estaba clara.

Hacia 1968, cuando entré por primera vez en su clase de ciencias naturales, el profesor Revelle ya era profesor de Harvard y compartió con mis compañeros y conmi-

El profesor Roger Revelle

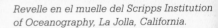
Revelle en el muelle del Scripps Institution of Oceanography, La Jolla, California.

go los resultados de sus primeros años de mediciones de CO_2 en el Mauna Loa.

Nunca olvidaré el gráfico que dibujó en la pizarra, ni el claro mensaje que transmitía: que a la atmósfera de todo el planeta le estaba sucediendo algo radicalmente nuevo y que la causa de esa transformación eran los seres humanos.

Esto me resultó realmente sobrecogedor. Si podíamos cambiar tan rápidamente de manera significativa la concentración de un componente atmosférico tan importante —en cada lugar del mundo— entonces la humanidad estaba iniciando una nueva relación con la Tierra.

Revelle también expresó entonces su preocupación acerca de la absorción de CO_2 sin precedentes que estaba dándose tanto en los océanos como en la atmósfera. Él vio muy pronto que los océanos del mundo se llevarían una parte importante de la carga de dióxido de carbono extra liberado de la quema de combustibles fósiles.

Sólo recientemente nuevos rigurosos estudios han confirmado que Revelle estaba en lo cierto también respecto de esta preocupación. Los océanos del mundo se están tornando más ácidos a causa de las enormes cantidades de CO_2, el cual produce ácido carbónico y cambia el pH de los océanos, primero en las aguas frías, cerca de los polos, pero pronto en todas ellas, a menos que modifiquemos nuestra actuación rápidamente.

Aun cuando era preocupante, la lógica del profesor Revelle, hace ya tantos años, tenía el inconfundible tono de la verdad. Para nuestro pequeño grupo era obvio que él mismo estaba sorprendido e intranquilo por la rapidez con que el CO_2 aumentaba. Más importante aún, comprendía —y nos lo comunicó con decisión— cuáles serían las posibles consecuencias de esos datos. Sabía que este camino que nuestra civilización había tomado nos llevaría irremisiblemente a una catástrofe, a menos que la tendencia pudiese revertirse.

Claramente, era difícil para él decir —y difícil para nosotros oír— este mensaje que más tarde se convertiría, en nuestra época, en una verdad incómoda.

Después de licenciarme, mantuve el contacto con el profesor Revelle y seguí sus constantes, continuas mediciones, año tras año. Cuando fui elegido para representar al cuarto distrito de Tennessee en el Congreso, ayudé a organizar la primera audiencia del Congreso sobre calentamiento global e invité al profesor Revelle como principal ponente. Pensaba, realmente, que cuando mis colegas congresistas del comité oyeran el claro análisis de este gran científico experimentarían la misma revelación que yo tuve.

No podía estar más equivocado. La urgencia simplemente no se presentó. Esto me sorprendió y desilusionó. Había subestimado seriamente la resistencia —y el desinterés— que encontraría este alarmante pronóstico del calentamiento global. Ésta no fue la última vez que tuve semejante experiencia.

Me encontré con dificultades similares cuando fui elegido senador y presidí numerosas audiencias y mesas redondas científicas. Volví a cruzarme con la experiencia cuando algunos de mis colegas y yo no conseguimos que se aprobara la legislación para detener las emisiones de dióxido de carbono. Me la encontré otra vez en 1987 y 1988, cuando me presenté por primera vez a las elecciones presidenciales —en parte con el fin de obtener mayor atención para este problema— y tuve grandes dificultades para hacer de él un tema central en el diálogo político estadounidense. La experimenté una vez más como vicepresidente, cuando intenté persuadir al Congreso de que aprobara medidas decisivas para resolver las crisis climática y cuando intenté convencer al Senado de EE. UU. de que ratificara el Pro tocolo de Kioto que yo había ayudado a redactar. Y todavía me la encuentro hoy en día.

Pero mi tarea aún no ha terminado. Continúo intentado comunicar las consecuencias de esta poderosa verdad que Roger Revelle me mostró, por primera vez, en aquella aula.

Yo soy solamente uno de los muchos estudiantes inspirados por Revelle. También lo fueron numerosos científicos. El más importante de ellos fue su socio de investigación, Charles David Keeling, quien fue homenajeado como un héroe científico por sus colegas y por nuestra nación antes de su muerte en 2005. Con una vitalidad, una habilidad y una precisión extraordinarias, Keeling midió con fidelidad y esfuerzo la concentración de CO_2 de nuestro mundo cada día durante casi medio siglo.

Revelle murió en 1991, antes de que el mundo prestara atención a su mensaje. Lo vi por última vez en San Diego, no mucho antes de que falleciera, y todavía veo a su familia de vez en cuando. Le echo de menos. Fue realmente un gran hombre. Su visionaria investigación, su sabiduría, su llamamiento tenaz, fuerte y claro a prestar atención a los hechos científicos sólidos y, tal vez por encima de todo, su gráfico, cambiaron mi vida.

Aún hoy muestro el gráfico sobre el aumento de los niveles de CO_2 de Revelle muchas veces cada semana. Ahora es más elaborado que la primera vez que lo vi: las mediciones del Mauna Loa actualmente abarcan cuarenta y nueve años. Más aún, con la información acumulada gracias a los núcleos de hielo provenientes de perforaciones en la Antártida y Groenlandia, el gráfico se ha extendido hacia atrás en el tiempo 650.000 años, y con el auxilio de modernos superordenadores y modelos climáticos, puede ser proyectado para medir el impacto futuro de las decisiones que tomamos hoy en día.

Es un homenaje a la brillantez científica de Roger Revelle que el núcleo esencial de los datos de los cuales dependemos para comprender nuestro cambiante planeta le pertenezca. También constituye un homenaje a su sabiduría que estemos aprendiendo acerca de los peligros a los que nos enfrentamos mientras todavía estamos a tiempo de devolverle el equilibrio a la Tierra.

ARRIBA: *Revelle exponiendo en una audiencia en el Congreso, Washington DC, 1979.*
ABAJO: *Charles Keeling en el laboratorio, La Jolla, California, 1996.*

Resulta evidente, si se observa el mundo a nuestro alrededor, que se están produciendo cambios muy profundos.

Éste es el monte Kilimanjaro en 1970,
con sus legendarias nieves y glaciares.

MONTE KILIMANJARO,
TANZANIA, 1970.

aquí está sólo treinta años más tarde,
on mucho menos hielo y nieve.

NTE KILIMANJARO, 2000.

Un amigo mío, Carl Page, sobrevoló el monte Kilimanjaro en 2005 y trajo de vuelta esta fotografía.

MONTE KILIMANJARO, 2005.

Otro amigo mío, el Dr. Lonnie Thompson, de la Universidad Estatal de Ohio es el experto más importante del mundo en glaciares de montaña. En esta fotografía se lo ve en la cumbre del Kilimanjaro en 2000, con los lamentables restos de unos de sus grandes glaciares.

Thompson predice que de aquí a diez años ya no tendremos más «nieves del Kilimanjaro».

Nuestro propio Parque Nacional del Glaciar pronto tendrá que ser rebautizado «parque anteriormente conocido como del Glaciar».

GLACIAR BOULDER, PARQUE NACIONAL
DEL GLACIAR, MONTANA, 1932.

El glaciar que se ve abajo a la izquierda fue una atracción turística en la década de los años treinta del siglo xx. Ahora, como se ve en la foto de la derecha, allí no hay nada. Subí a la cima del más pequeño de los glaciares del parque con una de mis hijas en 1997 y oí decir a los científicos que nos acompañaban que en los siguientes quince años probablemente todos esos glaciares habrían desaparecido.

GLACIAR BOULDER, 1988.

Actualmente, casi todos los glaciares de montaña del mundo se están fundiendo, muchos de ellos rápidamente. En ello hay un mensaje.

GLACIAR PERITO MORENO, PATAGONIA, ARGENTINA, 2003.

Las líneas rojas muestran cuán rápidamente
ha retrocedido el glaciar Columbia, en
Alaska, desde 1980.

DETERIORO DEL GLACIAR
COLUMBIA, ESTRECHO DEL
PRÍNCIPE GUILLERMO, ALASKA
1997.

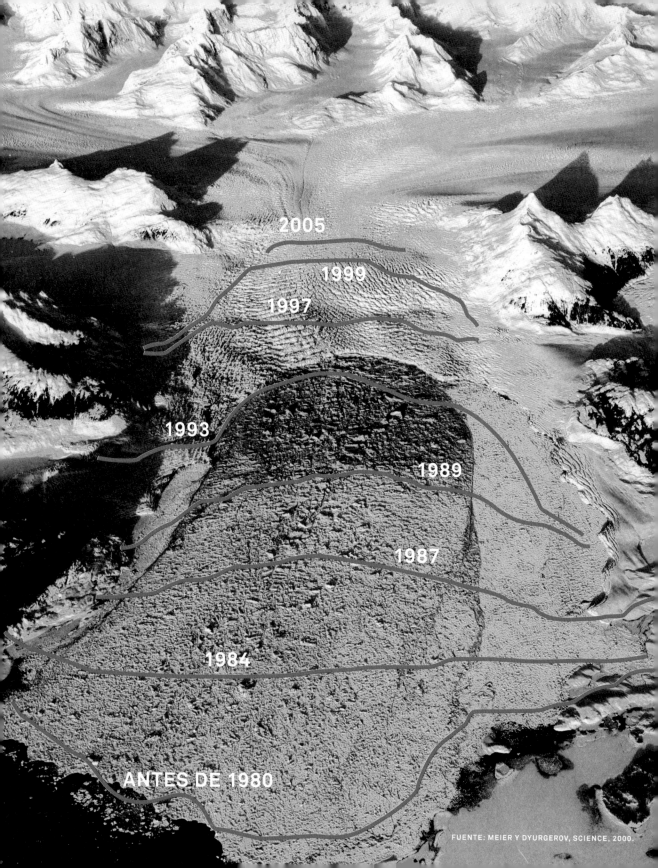

2005

1999

1997

1993

1989

1987

1984

ANTES DE 1980

FUENTE: MEIER Y DYURGEROV, SCIENCE, 2000.

La historia es la misma en todo el mundo, incluyendo los Andes, en América del Sur.

Éste es un glaciar en Perú, sólo hace veintinueve años.

GLACIAR QORI KALIS, PERÚ, 1978.

ste es el mismo lugar, tal como se ve
n 2006.

ACIAR QORI KALIS, 2006.

Esta hermosa fotografía de un magnífico glaciar de la Patagonia, en el extremo de América del Sur, muestra cómo era hace setenta y nueve años.

Esa vasta superficie de hielo ha desaparecido.

GLACIAR UPSALA, PATAGONIA, ARGENTINA, 1928.

GLACIAR UPSALA, 2004.

Por todos los Alpes puede observarse el mismo fenómeno. He aquí una vieja postal Suiza que exhibe un paisaje glaciar a comienzos del siglo pasado.

Y el mismo lugar, hoy en día.

GLACIAR TSCHIERVA, SUIZA, 1910.

GLACIAR TSCHIERVA, 2001.

Debajo se ve el famoso hotel Belvedere, situado en el glaciar Rhone, en Suiza.

El mismo sitio, aproximadamente un siglo más tarde. El hotel aún está allí, pero el glaciar no.

HOTEL BELVEDERE, GLACIAR RHONE, SUIZA, 1906.

HOTEL BELVEDERE, GLACIAR RHONE, 2003.

En esta imagen aparece el glaciar Roseg en 1949.

Y en ésta se lo ve en 2003.

GLACIAR ROSEG, SUIZA, 1949.

GLACIAR ROSEG, 2003.

Aquí se ve un paisaje de los Alpes italianos, hace sólo un siglo.

El mismo lugar se ve muy diferente en la actualidad.

GLACIAR ADAMELLO, TRENTINO, ITALIA, 1880.

GLACIAR ADAMELLO, 2003.

Los glaciares del Himalaya, en la meseta tibetana, han sido de los más afectados por el calentamiento global. El Himalaya contiene cien veces más hielo que los Alpes y proporciona más de la mitad del agua potable para el 40% de la población mundial, por medio de siete sistemas fluviales, todos los cuales tienen su origen en la misma meseta.

Es posible que en el próximo medio siglo, el 40% de las personas que habitan el planeta sufran una grave escasez de agua, a menos que el mundo actúe con decisión y rápidamente para mitigar el problema del calentamiento global.

Río Indo

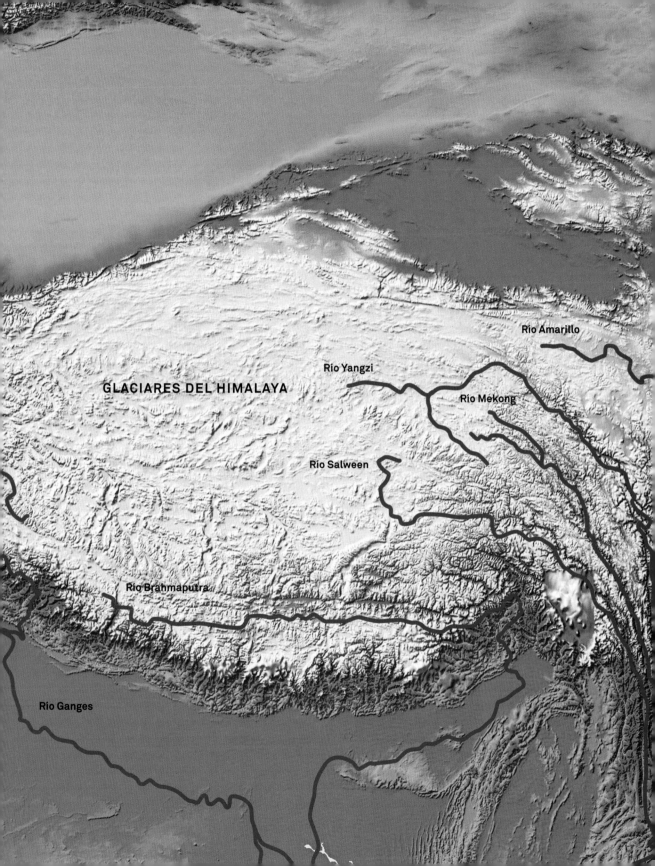

GLACIARES DEL HIMALAYA

Río Amarillo

Río Yangzi

Río Mekong

Río Salween

Río Brahmaputra

Río Ganges

El científico Lonnie Thompson lleva a su equipo a las cimas de los glaciares de todo el mundo. Perforan el hielo y extraen largos núcleos tubulares de hielo formado año tras año durante muchos siglos.

CAMPAMENTO DEL EQUIPO DE THOMPSON, DE LA UNIVERSIDAD ESTATAL DE OHIO, COLLADO DE BONA-CHURCHILL, ALASKA, 2002.

IZQUIERDA: EL EQUIPO DE THOMPSON PERFORANDO EL HIELO, HUASCARÁN, PERÚ, 1993. DERECHA: UN INVESTIGADOR DEL EQUIPO DE THOMPSON, MONTE KILIMANJARO, TANZANIA, 2000.

Luego, Lonnie y su equipo de expertos examinan las pequeñas burbujas de aire atrapadas en la nieve el año en que ésta cayó. Pueden medir cuánto CO_2 había en la atmósfera del pasado, año por año. También pueden medir la temperatura exacta de la atmósfera cada año, calculando las proporciones de diferentes isótopos del oxígeno (oxígeno 16 y oxígeno 18), las cuales proporcionan un ingenioso y preciso termómetro.

El equipo puede contar hacia atrás en el tiempo, año a año –del mismo modo en que un silvicultor experimentado puede «leer» los anillos del tronco de un árbol–, observando, sencillamente, la clara línea de demarcación que separa cada año del que le precede, como se puede ver en este singular registro congelado.

El termómetro de la derecha mide las temperaturas en el hemisferio norte a lo largo de los últimos mil años.

El azul es frío y el rojo caliente. La zona inferior del gráfico retrocede hasta hace un milenio y la época actual está en la zona superior.

STRATOS DE HIELO ANUALES SERVADOS EN EL CASQUETE DE ELO DE QUELCCAYA, PERÚ, 1977.

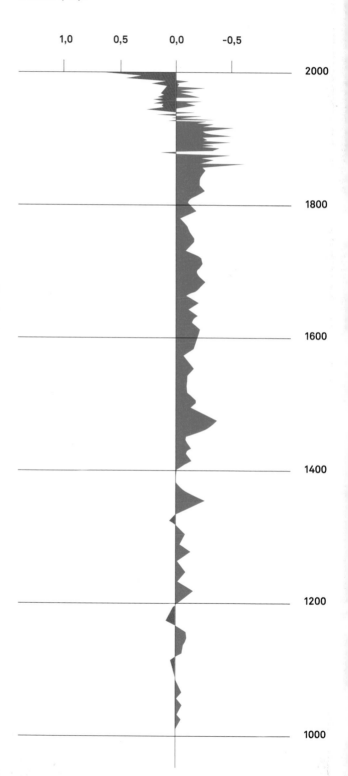

MIL AÑOS DE TEMPERATURA DEL HEMISFERIO NORTE (ºC).

La correlación entre la temperatura y la concentración de CO_2 en el transcurso de los últimos mil años –medida por el equipo de Thompson en el registro del hielo– es asombrosa.

Sin embargo, los llamados escépticos dicen a menudo que el calentamiento global es en realidad una ilusión que refleja las fluctuaciones cíclicas de la naturaleza. En apoyo de su posición, estos escépticos aluden frecuentemente al Periodo Templado Medieval.

Pero tal como muestra el termómetro del Dr. Thompson, el tan mentado Periodo Templado Medieval (el tercer pico desde la izquierda del gráfico), fue muy pequeño en comparación con los enormes incrementos de la temperatura del último medio siglo (los grandes picos rojos en el extremo derecho del gráfico).

MIL AÑOS DE TEMPERATURA DEL HEMISFERIO NORTE (ºC).

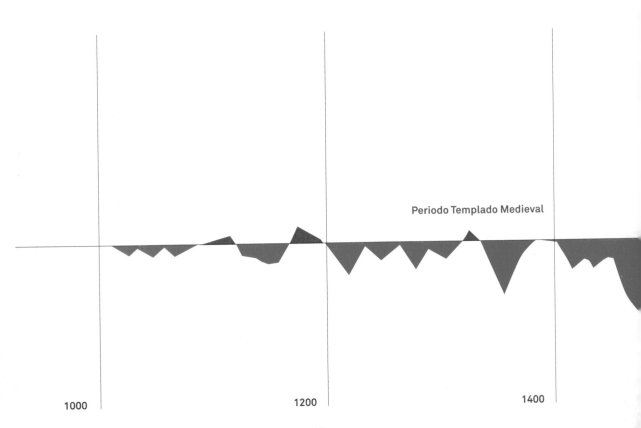

Periodo Templado Medieval

1000   1200   1400

Año

sos escépticos del calentamiento global
un grupo que decrece casi tan rápido
omo los glaciares de montaña– lanzaron
n feroz ataque contra otra medición de la
orrelación de mil años entre las concen-
raciones de CO_2 y la temperatura, conoci-
a como «el palo de hockey», un gráfico
ue representa las investigaciones del
limatólogo Michael Mann y sus colegas.
ero, de hecho, los científicos han confir-
nado de múltiples maneras las mismas
onclusiones básicas, siendo el registro
e núcleos de hielo de Thompson uno de
os más definitivos.

GLACIÓLOGO EXTRAYENDO UN NÚCLEO DE HIELO, ANTÁRTIDA, 1993.

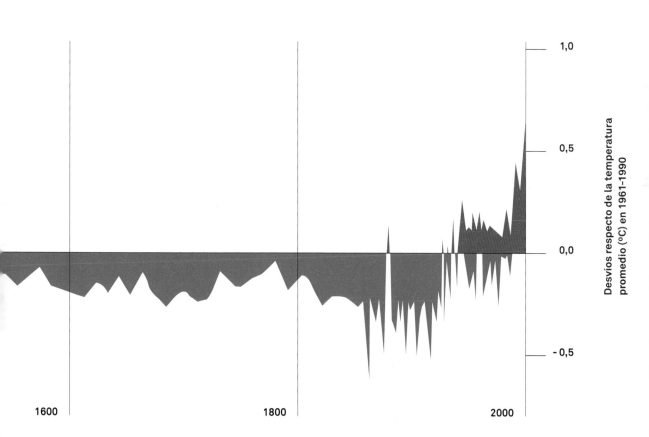

Desvíos respecto de la temperatura promedio (°C) en 1961-1990

1,0

0,5

0,0

- 0,5

1600

1800

2000

ENTE: IPCC

En la Antártida, las mediciones disponibles de la concentración de CO_2 y las temperaturas retroceden 650.000 años.

La línea azul de abajo representa las concentraciones de CO_2 durante ese periodo.

El extremo derecho de la línea azul representa la época actual y el primer descenso abrupto yendo de derecha a izquierda es la última glaciación. Después, siguiendo hacia la izquierda y contando desde el presente, se pueden ver la segunda, luego la tercera y la cuarta épocas glaciales más recientes, y así sucesivamente. Entre todas las glaciaciones hay periodos de calentamiento.

En ningún punto en los 650.000 años anteriores a la era preindustrial se encuentran concentraciones de CO_2 superiores a las 300 partes por millón.

La línea gris muestra la temperatura mundial en el transcurso de los mismos 650.000 años.

He aquí un detalle importante. Si mi compañero de sexto grado –¿lo recuerda, lector, el chico que preguntó sobre América del Sur y África?– viera este gráfico preguntaría: «¿Alguna vez estuvieron unidas?».

La respuesta de los científicos sería: «Sí, están unidas».

Medición de la concentración de CO_2

Temperatura (ºF)

600,000   500,000

FUENTE: REVISTA SCIENCE

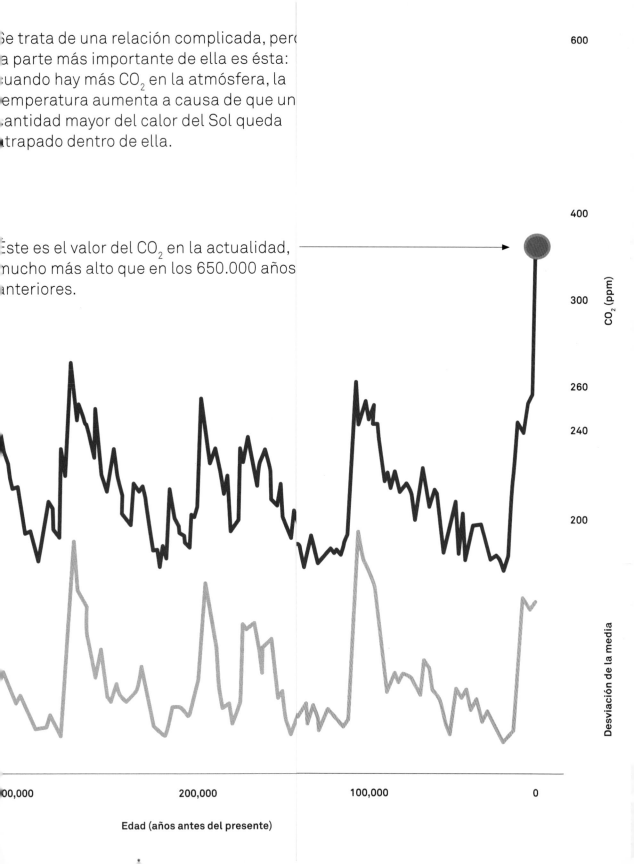

Se trata de una relación complicada, pero
la parte más importante de ella es ésta:
cuando hay más CO_2 en la atmósfera, la
temperatura aumenta a causa de que una
cantidad mayor del calor del Sol queda
atrapado dentro de ella.

Este es el valor del CO_2 en la actualidad,
mucho más alto que en los 650.000 años
anteriores.

600

400

300

CO_2 (ppm)

260

240

200

Desviación de la media

00,000

200,000

100,000

0

Edad (años antes del presente)

Un punto de inflexión

---◆◆---

**No fue sólo una segunda oportunidad
lo que se me otorgó, sino también la obligación
de prestar atención a lo que es importante.**

Algunos acontecimientos se quedan con nosotros para siempre y cambian nuestro modo de ver las cosas, sin importar cuánto tiempo haya pasado. Para mí, el grave accidente de mi hijo cuando él era todavía muy pequeño fue un acontecimiento de esa clase. Puso mi vida patas arriba y la sacudió, hasta que todo el edificio se derrumbó. Fue la pesadilla de todo padre. Jamás olvidaré un sólo segundo de ella.

Era un brillante día de primavera, a comienzos de abril de 1989. Tipper y yo habíamos llevado a nuestro hijo al primer partido de temporada de los Orioles, en Baltimore. Pasamos un rato maravilloso. A la salida del estadio yo llevaba a mi hijo de la mano. Albert sólo tenía seis años y ya amaba el béisbol.

Tras una larga caminata hacia el estacionamiento donde habíamos dejado el coche, nos detuvimos junto al bordillo de la acera, con algunos vecinos. De repente, uno de los amigos de Albert, que estaba con su padre justo delante de nosotros, saltó de la acera y echó a correr a toda velocidad a través de la calle transitada, pese a que los coches, a unos cincuenta metros de distancia, ya se dirigían hacia él. Entonces, en el instante siguiente y sin previo aviso, mi hijo se soltó de mi mano y, saltando el bordillo, comenzó a perseguir a su amigo cruzando la calzada. Pero antes de que pudiera llegar a la otra acera fue atropellado por un coche que avanzaba a gran velocidad. Vi lo que ningún padre debería ver jamás: mi hijo fue lanzado por el aire con un horrible ruido, tras lo cual cayó contra el suelo diez metros más allá del lugar del primer impacto, raspando contra el pavimento hasta quedarse quieto, inmóvil, silencioso.

No se cuántas veces he revivido esos horripilantes segundos, mirando cómo mi amado niño era lanzado hacia arriba, fuera de mi protección, mientras yo apretaba mi mano en un esfuerzo inútil por retener la pequeña mano que ya había escapado de la mía.

He llegado a creer que aquel día, verda-
ramente, nos acompañaban los ángeles.
s enfermeras del hospital Johns Hop-
s, que también habían ido al partido en
día libre, habían llevado con ellas sus
sas con instrumental para emergencias
dicas, sólo por si acaso. Cuando me
odillaba junto a mi hijo, rezando en voz
a, ellas aparecieron a su lado y lo aten-
ron hábilmente, hasta que llegó la am-
lancia.

El tiempo de espera hasta oír el sonido
la sirena de esa ambulancia fueron los
s minutos más dolorosos de mi vida. Ti-
er y yo nos arrodillamos junto a Albert,
blándole y orando. Jamás me he sentido
desesperado e impotente.

Esas enfermeras en la calle y los médicos y enfermeras del cercano hospital
Johns Hopkins –adonde fue llevado rápidamente por la ambulancia– salvaron la
vida de Albert. Tenía una conmoción ce-
rebral, uná clavícula quebrada, algunas
costillas rotas, una fractura compuesta en
uno de los fémures y numerosas heridas
internas, incluyendo daños en el bazo
(mucho del cual le fue extirpado al día siguiente), así como magulladuras en un
pulmón y el páncreas y un riñón roto. Tenía quemaduras de segundo grado en las
partes que habían raspado contra el asfalto y daños en el gran haz de nervios que
va de la médula espinal, a través del hom-
bro, hacia el brazo derecho, lo que le hizo

perder totalmente la funcionalidad del
brazo derecho durante casi un año.

Tipper y yo vivimos en ese hospital por
casi un mes y, finalmente –gracias al cielo–, Albert volvió a casa de una pieza. Después de meses de rehabilitación, con nuestras hijas ayudando las veinticuatro horas
del día (incluso haciendo turnos en medio
de la noche para relevarnos cuando había
que girar manualmente a Albert en su
cama), Albert se recuperó. Y en un año había sanado completamente y contaba con
todas sus fuerzas, en todos los sentidos,
nuevamente.

He contado esta historia porque se trató de un punto de inflexión que me cam-
bió en formas que no podría haber imagi-

nado antes. Y a pesar de que es difícil de describir en palabras el vínculo entre el agudo dolor de este acontecimiento y la nueva perspectiva que me formé acerca de lo que realmente es importante, esa relación está siempre dentro de mí. De repente, los eventos abigarrados en mi agenda –que alguna vez me parecieron tan importantes– se me revelaron como insignificantes. Me di cuenta de cuán triviales eran esos acontecimientos que un mes antes me habían parecido tan importantes y comencé a mirar toda mi vida a través de este nuevo prisma. Me pregunté cómo quería utilizar realmente mi tiempo en la Tierra; qué era lo que realmente importaba.

Para mí, la primera respuesta fue mi familia: mi esposa y mis hijos. Realicé cambios inmediatos para dar prioridad al tiempo que pasaba con ellos –con cada uno de ellos individualmente y todos nosotros juntos, como familia– de un modo en que no lo había hecho antes. Subordiné todo lo demás de mi agenda y de la rutina semanal para poner en primer lugar el tiempo que pasaba con ellos. Tiempo de calidad y tiempo suficiente.

También reexaminé la naturaleza de mi servicio público. Me pregunté qué signifi-

caba realmente «servir». El medio ambiente había estado en el primer plano de mis preocupaciones políticas, pero a la vez había competido por mi atención con muchos otros problemas. Ahora, en esta nueva comprensión y en el íntimo reflexionar acerca de cómo utilizaría mi tiempo, el medio ambiente global superaba todas mis otras preocupaciones. Me percaté de que ésta era la crisis más grave y que debía dedicarle la mayor parte de mi esfuerzo e ingenio.

Durante la convalecencia de Albert em pecé a escribir mi primer libro, *La Tierra juego*. En aquel tiempo comencé a org nizar la primera versión de mi presentaci de diapositivas. No sólo era una manera advertir a mis compatriotas estadounide ses acerca del desastre al que todos –a s biendas o no– estábamos contribuyend también era un modo de poner mis propi prioridades en orden.

Daría lo que fuese por volver a aquel e pantoso día, hace ya tanto tiempo, a ap

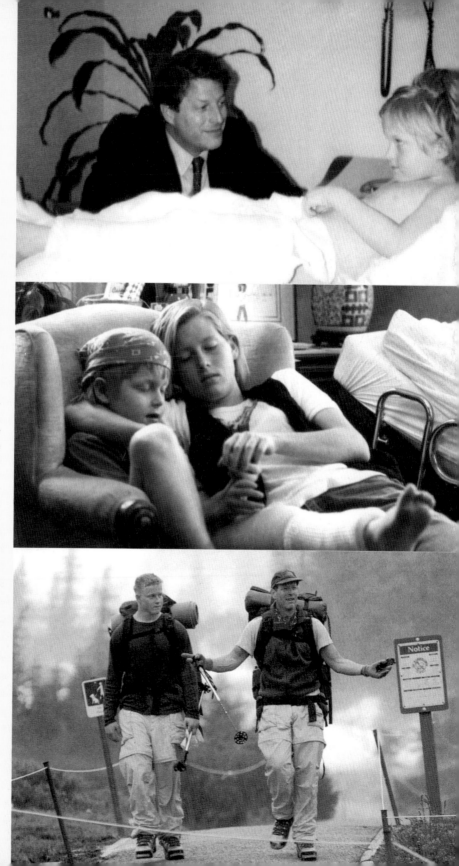

ar con más fuerza la mano de mi mucha-
o, a perdernos ese partido de los Orioles.
ro sé que eso no es posible. Y estoy muy
radecido por la curación y la gracia que
 fueron concedidas a él y a nuestra fami-
.. Un niño actúa por impulso y, repenti-
mente, sus padres no pueden prote-
rlo. A veces ocurre lo peor. Fuimos lo
stante afortunados, aquella tarde, como
ra conseguir un aplazamiento. Hemos
o bendecidos con cuatro hijos sanos,
aravillosos y prósperos. Y ahora tenemos
bilidad por nuestros nietos.

Pero creo, realmente, que no fue solo
a segunda oportunidad lo que se me
rgó, sino también la obligación de pres-
 atención a lo que es importante y de
ntribuir a protegerlo y salvaguardarlo;
 hacer todo lo posible en este momento
 peligro para asegurar que lo más pre-
do de esta bella Tierra de Dios –su ha-
abilidad para nosotros, nuestros hijos y
 generaciones futuras– no se nos esca-
 de las manos.

Este gráfico exhibe las mediciones reales del aumento en la temperatura global desde la guerra civil norteamericana. En un año particular cualquiera, podría parecer que la temperatura media global está descendiendo, pero la tendencia total está muy clara. En años recientes, el ritmo de aumento se ha ido acelerando.

De hecho, si se observan los veintiún años más cálidos, veinte de ellos han tenido lugar en los últimos veinticinco.

TEMPERATURA GLOBAL DESDE 1860: TEMPERATURAS ANUALES COMBINADAS DE LA TIERRA, EL AIRE Y LA SUPERFICIE DEL MAR, ENTRE 1860 Y 2005.

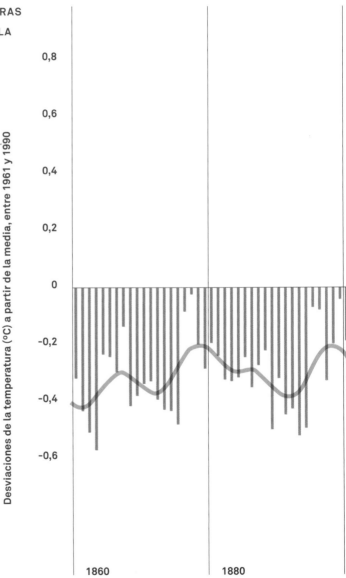

El año más cálido registrado durante todo este periodo fue 2005.

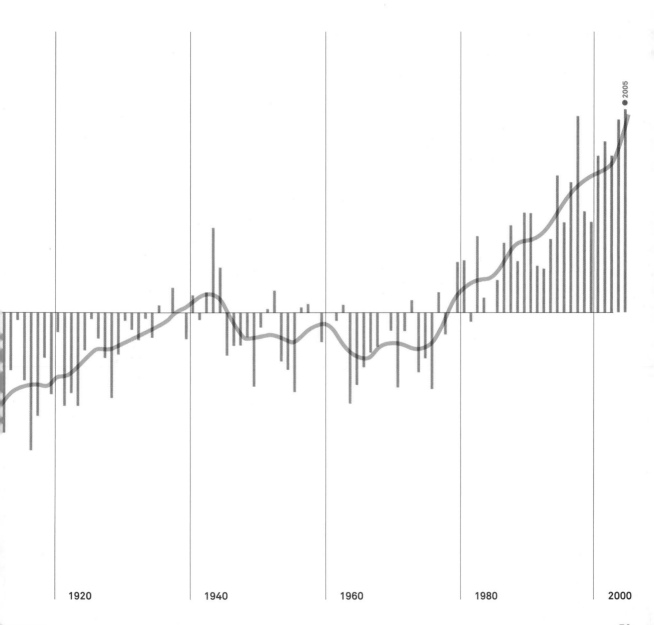

● 2005

1920   1940   1960   1980   2000

ENTE: IPCC

Ya hemos empezado a observar la clase de olas de calor que los científicos dicen que se harán mucho más habituales si no se remedia el calentamiento global. En el verano de 2003, Europa fue golpeada por una gigantesca ola de calor que mató a 35.000 personas.

EL ZOOLÓGICO DE MÚNICH DURANTE LA OLA DE CALOR, MÚNICH, ALEMANIA, 2003.

En el verano de 2005, muchas ciudades del Oeste estadounidense batieron todas las marcas históricas en temperaturas altas y en número de días consecutivos con temperaturas de 38 °C o superiores.

En total, más de doscientas ciudades y pueblos del Oeste registraron récords históricos.

Reno, Nevada, estableció una nueva marca para el número de días consecutivos con temperaturas de 38 °C o superiores: diez días.

El 19 de julio de 2005, en Las Vegas, Nevada, se llegó a los 47 °C, lo que supuso su máxima histórica.

El 21 de julio de 2005, Grand Junction, Colorado, alcanzó los 41 °C, estableciendo una nueva marca histórica.

Tucson, Arizona, encadenó su récord de días consecutivos a 38 °C o más: 39 días.

El 20 de julio de 2005, en Denver, Colorado, el termómetro alcanzó los 40 °C, una máxima histórica.

En el Este, numerosas ciudades tuvieron récords diarios de temperatura, incluyendo, de manera significativa, a Nueva Orleans.

El 23 de junio de 2005, La Crosse, Wisconsin, llegó a los 37 ºC, una nueva máxima diaria.

El 27 de julio de 2005, en Newark, Nueva Jersey, se alcanzaron los 38 ºC, un nuevo récord histórico para esa fecha.

El 26 de julio de 2005, Raleigh-Durham, Carolina del Norte, registró 38 ºC.

El 26 de julio de 2005, en Florence, Carolina del Sur, hubo 38 ºC.

El 25 de julio de 2005, el aeropuerto Louis Armstrong de Nueva Orleans, Luisiana, llegó a los 37 ºC.

Estos incrementos en la temperatura están teniendo lugar en todo el mundo, incluyendo nuestros océanos.

Muchas personas dicen, con respecto al aumento de temperatura: «Oh, sólo se trata de la variabilidad natural. Estas cosas suben y bajan, por lo que no debemos preocuparnos».

Y, en efecto, las temperaturas siempre muestran una gran variabilidad y eso vale también para los océanos. La línea azul del gráfico que se muestra abajo representa el intervalo de variabilidad térmica normal en los océanos del mundo durante los últimos sesenta años.

Pero los científicos que se especializan en calentamiento global han estado utilizando modelos de ordenador cada vez más precisos que mucho tiempo atrás predijeron un intervalo de variabilidad térmica oceánica mucho mayor, como resultado del calentamiento global antropogénico. Lo que los ordenadores nos dijeron que ocurriría como resultado del cambio climático se muestra en la parte verde gruesa del gráfico, la cual comenzó a divergir de los límites de la variabilidad natural a mediados de los años setenta.

¿Cuáles han sido las temperaturas oceánicas *reales*?

TEMPERATURAS DEL NIVEL SUPERIOR DEL OCÉANO PREDICHAS Y OBSERVADAS, ENTRE 1940 Y 2004.

- Variabilidad natural predicha
- Variabilidad esperada por causas antropogénicas
- Temperaturas observadas reales

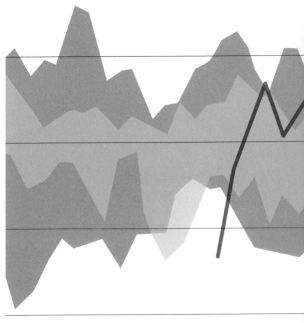

1940   1950   1960

a línea roja del gráfico es nueva. Muestra as temperaturas oceánicas reales, las uales han sido compiladas con gran sfuerzo a partir de mediciones llevadas a abo en los últimos sesenta años, en odos los océanos del mundo.

Las temperaturas oceánicas reales son completamente coherentes con lo que se había predicho como resultado del calentamiento global antropogénico. Y se hallan por encima del intervalo de variabilidad natural.

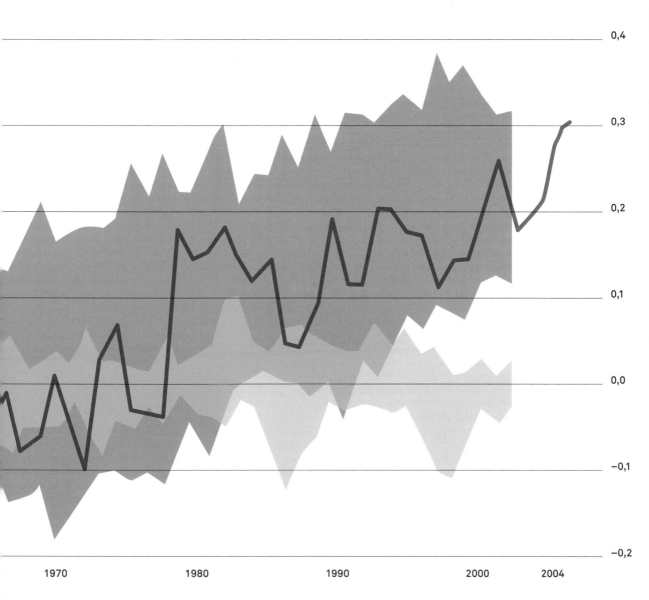

A medida que los océanos se calientan, las tormentas se tornan más fuertes. En 2004, Florida fue sacudida por cuatro huracanes inusualmente poderosos.

EL HURACÁN IVAN SOBRE LA COSTA SUR DE
ESTADOS UNIDOS, SEPTIEMBRE DE 2004

Un número cada vez mayor de estudios científicos nuevos están confirmando que el agua más cálida en la capa superior del océano puede producir más energía de convección para impulsar huracanes más poderosos.

Menos acuerdo hay entre los científicos en lo que respecta a la relación entre el número total de huracanes que se registra cada año y el calentamiento global; la razón es que hay un patrón, que se repite cada cierto número de décadas, que posee una poderosa influencia sobre la frecuencia de los huracanes. Pero ahora hay un sólido y nuevo consenso emergente acerca de que el calentamiento global realmente está vinculado al significativo incremento tanto de la duración como de la intensidad de los huracanes.

Las nuevas pruebas han impulsado a algunos científicos a afirmar que el calentamiento global está llevando incluso a un aumento en la repetición de los huracanes que sobrepasa la variabilidad natural de esa frecuencia, interpretada desde hace tiempo como algo inherente a los ciclos de las corrientes profundas.

Mientras EE. UU. era azotado por numerosos huracanes de gran envergadura en 2004, el clima de Japón no recibía tanta atención en los medios occidentales.

Con todo, ese mismo año, Japón batió su récord histórico en tifones. La marca anterior era de siete. En 2004 cayeron sobre Japón diez de ellos. Los tifones, los huracanes y los ciclones son todos ellos un mismo fenómeno climático, dependiendo del océano en el cual se originen. En la primavera de 2006, Australia fue azotada por varios ciclones de categoría 5 inusualmente intensos, incluyendo el ciclón Mónica en las proximidades de la costa australiana, el más intenso jamás registrado, más fuerte aun que los huracanes Katrina, Rita o Wilma.

JAPÓN

EL TIFÓN NAMTHEUN FRENTE A LA COSTA DE JAPÓN, JULIO DE 2004.

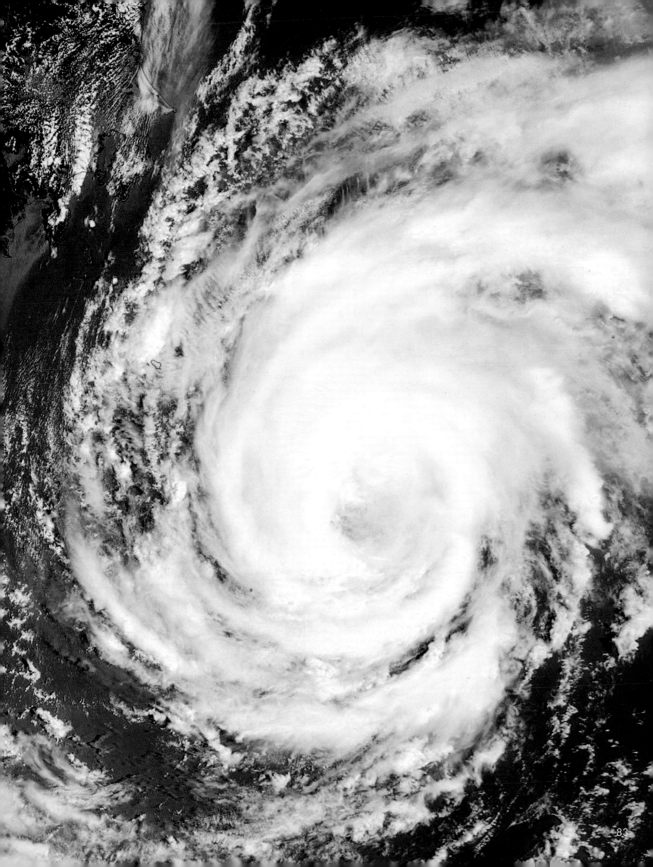

En 2004 hubo que reescribir los libros de texto científicos. Éstos solían decir: «Es imposible que haya huracanes en el Atlántico Sur». Pero ese año, por primera vez en la historia, un huracán azotó Brasil.

HURACÁN CATARINA, BRASIL, MARZO DE 2004.

También en 2004, en EE.UU. se batió el récord histórico de tornados.

Pisándole los talones a 2004, llegó el clima extremo del verano de 2005. Varios huracanes azotaron el Caribe y el golfo de México a comienzos de la estación, incluyendo los huracanes Dennis y Emily; este último causó importantes daños.

DAÑOS CAUSADOS POR EL HURACÁN EMILY, LA PESCA, MÉXICO, JULIO DE 2005.

emergente consenso que vincula el
reciente poder destructivo de los huracanes con el calentamiento global está
fundado, en parte, en investigaciones que
muestran un incremento significativo del
número de huracanes de categorías 4 y 5.

Un estudio diferente predice que el calentamiento global incrementará la intensidad media de los huracanes en medio
grado según la bien conocida escala de
cinco grados.

La Administración Oceánica y Atmosférica
Nacional (la NOAA, según sus siglas en
inglés), resumió algunos de los elementos
básicos comunes a estas nuevas investigaciones en el gráfico que se muestra
debajo.

A medida que la temperatura del agua se
eleva, la velocidad del viento aumenta y lo
mismo ocurre con la condensación de
humedad de las tormentas.

INTENSIDAD DE LOS HURACANES AUMENTA CON LA TEMPERATURA DE LOS OCÉANOS

———— Temperatura del agua

———— Velocidad del viento (cizalladura) causada por el aumento de las diferencias en la temperatura del agua

———— Contenido de humedad de las tormentas

Debajo se muestra la plataforma petrolera de mayor tamaño del mundo, la plataforma Thunder Horse, de BP, ubicada a 150 millas al suroeste de Nueva Orleans, después de que el huracán Dennis azotara el golfo de México, el 11 de julio de 2005. En abril de 2006, un tercio de las instalaciones petroleras del golfo, incluyendo Thunder Horse, quedaron destruidas.

DAÑOS EN LA PLATAFORMA PETROLERA THUNDER HORSE, UBICADA EN LA COSTA DEL GOLFO DE MÉXICO, LUISIANA, JULIO DE 2005.

a plataforma petrolera de 13.000 tonela-
as que se ve aquí abajo fue empujada
ontra este puente en Mobile, Alabama,
ás avanzada la temporada de huracanes
e 2005.

STALACIÓN PETROLERA ENCAJADA
BAJO DEL PUENTE COCHRANE, MOBILE,
ABAMA, AGOSTO DE 2005.

El 31 de julio de 2005, menos de un mes antes de que el huracán Katrina azotara EE.UU., un importante estudio del MIT apoyó el consenso científico de que el calentamiento global está produciendo huracanes más poderosos y destructivos.

LAS GRANDES TOR DESARROLLAN TAN COMO EN EL PACÍFI DÉCADA DE LOS SE AUMENTADO APROXI 50% SU DURACIÓN E

ESTUDIO DEL MIT, 2005

Las consecuencias fueron
horrendas. No hay palabras que
puedan describirlas.

EVACUADOS DEL HURACÁN KATRINA
EN EL ASTRODOME DE HOUSTON,
TEJAS, SEPTIEMBRE DE 2005.

DISTRITO NOVENO BAJO, NUEVA
ORLEANS, LUISIANA, FEBRERO DE 2006.

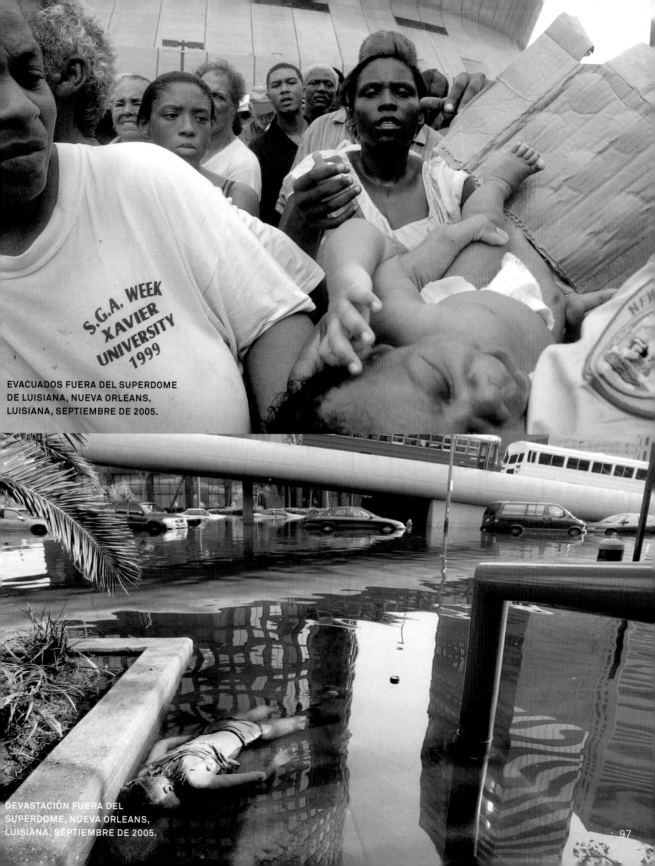

EVACUADOS FUERA DEL SUPERDOME
DE LUISIANA, NUEVA ORLEANS,
LUISIANA, SEPTIEMBRE DE 2005.

DEVASTACIÓN FUERA DEL
SUPERDOME, NUEVA ORLEANS,
LUISIANA, SEPTIEMBRE DE 2005.

NUEVA ORLEANS, LUISIANA,
SEPTIEMBRE DE 2005.

En los años treinta del siglo pasado tuvo
lugar una tormenta de una clase diferente: una tormenta sin precedentes que se
cernía sobre la Europa continental. Winston Churchill advirtió al pueblo de Inglaterra que lo que se acercaba era diferente
de todo lo que había acontecido antes y le
dijo que debían prepararse para ello.
Hubo muchos que no quisieron creer esta
advertencia y Churchill se impacientó con
sus titubeos. Y les dijo lo que sigue:

LA ERA DE LAS POS
LAS ACCIONES INE
LAS MEDIDAS PA
DESCONCERTANTES
ESTÁ LLEGANDO A
LUGAR, ESTAMOS EN
PERIODO DE CONSE

WINSTON CHURCHILL, 1936

TERGACIONES, DE
FICACES, DE
LIATIVAS Y
DE LAS DILACIONES,
SU FIN. EN SU
TRANDO EN UN
CUENCIAS.

LA INDUSTRIA DEL SEGURO

La industria del seguro es un sector comercial que ya está sintiendo el inconfundible impacto económico del calentamiento global. Durante las últimas tres décadas las compañías de seguros han visto multiplicarse por quince la cantidad de dinero pagado a las víctimas de fenómenos meteorológicos extremos. Los huracanes, las inundaciones, las sequías, los tornados, los incendios incontrolados y otras catástrofes naturales han causado estas pérdidas. Muchas de ellas pueden vincularse con factores que han empeorado con el calentamiento global. Estos desastres naturales pueden ser económicamente –y también personalmente– devastadores. Se estima que el huracán Katrina, él solo, causó pérdidas aseguradas de unos 60.000 millones de dólares.

Algunas compañías que están en el negocio de la gestión de riesgos han reconocido esta tendencia y han reunido recientemente un grupo de expertos para analizar el problema del potencial impacto del cambio climático en sus negocios. Hay más en juego que la futura salud financiera de la industria y la viabilidad económica de las primas para la mayoría de los estadounidenses. El efecto se extenderá como una onda, probablemente mucho más allá de los libros mayores de las aseguradoras. Muchos fondos de pensiones y mutualistas poseen compañías aseguradoras en su cartera de clientes y también podrían resultar afectados.

Los aseguradores basan sus tasas –la cantidad que usted paga para proteger su hogar de las catástrofes– en su capacidad para calcular el riesgo de acontecimientos imprevistos. Cuando los fenómenos meteorológicos extremos dejan de seguir patrones históricos predecibles –tal como parece que ya está ocurriendo– las compañías ya no pueden estimar el riesgo con precisión, lo cual a su vez hace difícil la proyección de cuáles serán las pérdidas. La

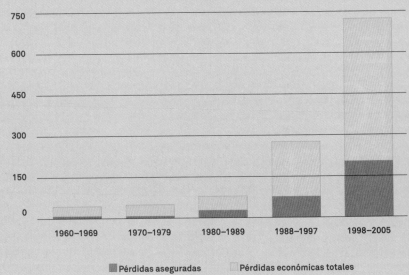

GRANDES CATÁSTROFES CLIMÁTICAS E INUNDACIONES:
PÉRDIDAS EN MILES DE MILLONES DE DÓLARES ESTADOUNIDENSES

■ Pérdidas aseguradas   □ Pérdidas económicas totales

FUENTE: MUNICH REINSURANCES, SWISS REINSURANCES, 2005, CIFRAS SIGMA AL 20/12/05

única manera de permanecer en el negocio en estas condiciones consistiría en aumentar las primas a todos los asegurados o dejar de ofrecer seguros en áreas particularmente peligrosas como Florida o la costa del Golfo, las cuales ya afrontan fenómenos climáticos cada vez más devastadores verano tras verano.

Tal como lo ha expresado un líder del negocio, las compañías aseguradoras confrontan «una tormenta perfecta de crecientes pérdidas meteorológicas, temperaturas globales en aumento y más estadounidenses que nunca antes viviendo en una situación de riesgo».

Sólo tres semanas después del Katrina, otro huracán que alcanzó una intensidad de categoría 5 –el Rita– llegaba a la costa de EE.UU., no muy lejos hacia el oeste de donde el Katrina había tocado tierra. Esta vez, el huracán golpeó áreas menos pobladas, pero el daño y el sufrimiento que causó también fueron devastadores.

Más tarde, unas pocas semanas después del Rita, el huracán Wilma se convertía –cuando aún se encontraba mar adentro– en el huracán más intenso jamás registrado.

Wilma viajó hacia el este desde la península del Yucatán, en México, hacia el sur de Florida, causando gran destrucción y dejando a miles de personas sin agua o electricidad durante varias semanas.

Y antes de que Wilma abandonase la escena, tuvo lugar algo inédito: nos quedamos sin nombres. Por primera vez en la historia, la Organización Meteorológica Mundial tuvo que utilizar letras del alfabeto griego para dar nombre a los huracanes y tormentas tropicales que siguieron formándose hasta diciembre de 2005, ya bien pasada la temporada de huracanes de ese año.

ECUELAS DEL HURACÁN RITA, CAMERON, LUISIANA, SEPTIEMBRE DE 2005.

Aquí están los
veintisiete huracanes
y tormentas.

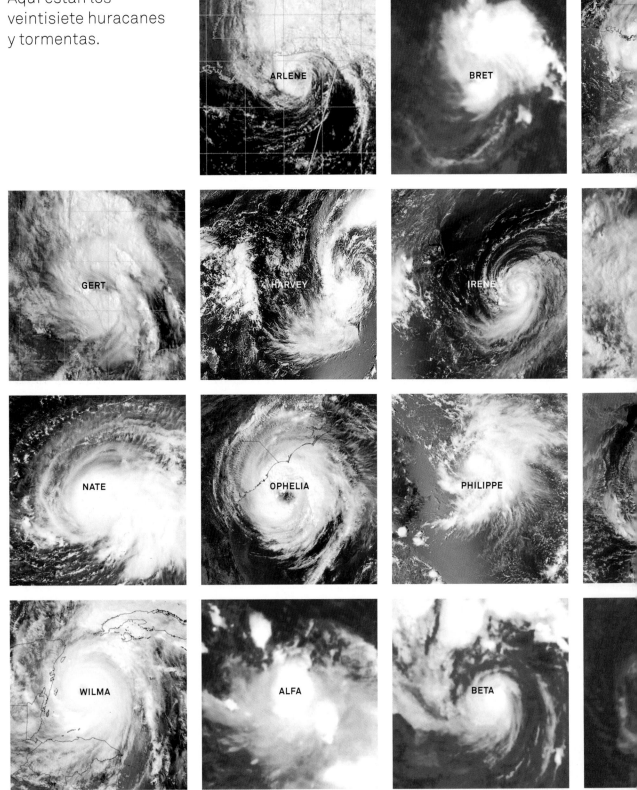

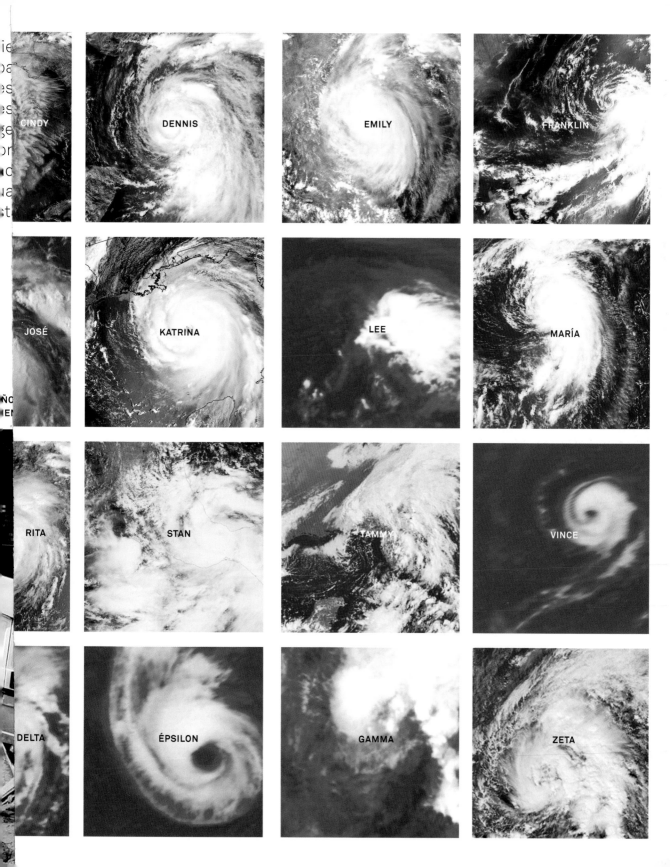

EL MUELLE DE SCHWEIZERHOF
INUNDADO, LUCERNA, SUIZA,
AGOSTO DE 2005.

Fue casi como una excursión por el libro del Apocalipsis.

También en Asia se han incrementado apreciablemente las inundaciones. En julio de 2005, en Bombay, India, cayeron 94 centímetros de lluvia en 24 horas. Fue, con mucho, la mayor precipitación que jamás haya tenido lugar en una ciudad de la India en un solo día. El nivel del agua sobrepasó los dos metros y hubo mil muertos en la India occidental. Esta fotografía muestra la hora punta del día siguiente.

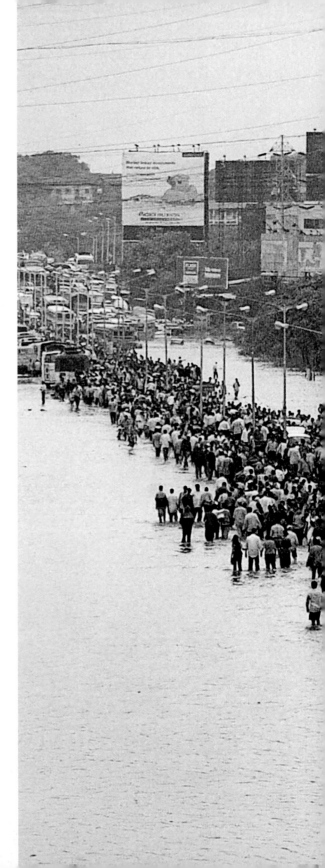

GENTE YENDO AL TRABAJO DESPUÉS DE LAS LLUVIAS TORRENCIALES, BOMBAY, INDIA, JULIO DE 2005.

También ha habido inundaciones récord en China, que, al ser una de las civilizaciones más antiguas del planeta, mantiene los mejores registros de inundaciones del mundo.

Recientemente, por ejemplo, ha habido inmensas inundaciones en las provincias de Sichuan y Shandong. Paradójicamente, sin embargo, el calentamiento global no sólo causa más inundaciones, sino también más sequías. La cercana provincia de Anhui padecía una grave sequía al mismo tiempo que las áreas vecinas se inundaban.

Una de las causas de esta paradoja tiene que ver con el hecho de que el calentamiento global no sólo aumenta las precipitaciones en todo el mundo, sino que al mismo tiempo es la causa de que algunas de ellas caigan en sitios diferentes a los habituales.

INUNDACIÓN EN LA PROVINCIA DE SHANDONG, CHINA, JUNIO DE 2005.

JUJA EN LA PROVINCIA DE
UI, CHINA, JUNIO DE 2005.

Este gráfico muestra que, en el último siglo, la cantidad total de precipitaciones se ha incrementado globalmente casi un 20%.

Sin embargo, los efectos del cambio climático sobre las precipitaciones no son uniformes. La precipitación total en el siglo xx ha aumentado, tal como cabía esperar dado el calentamiento global, pero en algunas regiones las lluvias en realidad han disminuido.

Descenso de las precipitaciones

Aumento de las precipitaciones

-50%   -40%   -30%   -20%   -10%

os círculos azules señalan las áreas que
han experimentado un aumento en las
precipitaciones: cuanto mayor es el pun-
o, mayor el aumento de precipitaciones.
Los círculos naranjas muestran los luga-
es y cantidades de descenso de las
precipitaciones.

En ocasiones, los efectos de un cambio
tan marcado pueden ser devastadores.
Por ejemplo, fíjese en la parte de África
justo sobre el borde del Sáhara.

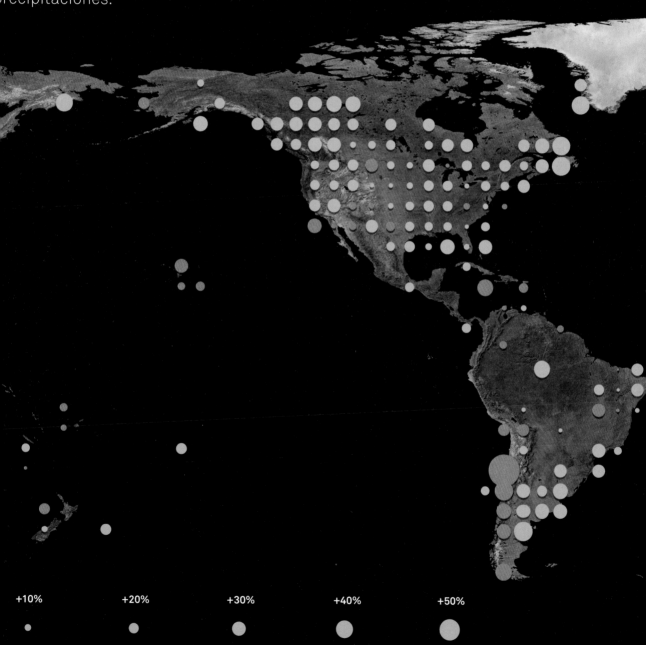

+10%   +20%   +30%   +40%   +50%

ENTE: IPCC

En la parte de África que incluye desde el sur de Sudán hasta el este del lago Chad, se han venido desarrollando increíbles tragedias. Allí, en la región sudanesa de Darfur, los asesinatos genocidas se han convertido en un lugar común. En Níger, al oeste del lago Chad, la sequía regional ha contribuido a las condiciones de hambruna que ponen a millones de personas en peligro.

Hay muchas causas complejas del hambre y el genocidio, pero un factor coadyuvante que pocos discuten es la desaparición del lago Chad –que fuera anteriormente el sexto lago más grande del mundo– en el corto lapso de los últimos cuarenta años.

LAGO CHAD, ÁFRICA

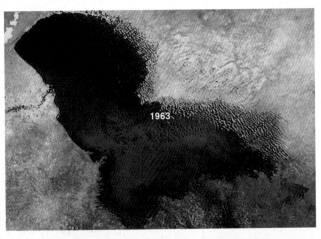

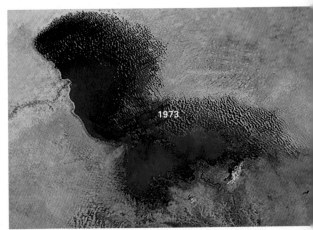

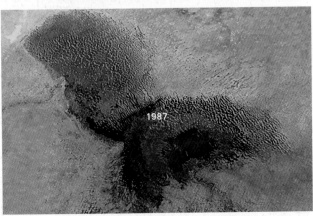

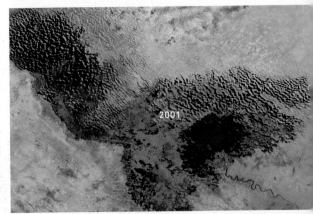

LOS EFECTOS DE LA DESAPARICIÓN DEL LAGO CHAD

Hace solamente cuarenta años, el lago Chad era tan grande como el lago Erie. Pero ahora, a causa de la disminución de las precipitaciones y de su uso cada vez más intenso por parte de los humanos, ha quedado reducido a un veinteavo de su tamaño original. Con todo, en la actualidad hay más gente que depende del lago Chad de la que nunca antes ha habido, a pesar de que las dunas ya cubren su lecho seco. Su destino es tristemente característico de una parte del mundo en la cual el cambio climático puede medirse no sólo en términos de aumentos de temperatura, sino también en vidas perdidas. La desaparición del lago ha llevado a la eliminación de las pesquerías y los cultivos, lo cual ha obligado a desplazarse a millones de personas y puesto en peligro a muchas más.

Cuando estaba lleno, el lago Chad era el sexto más grande del mundo y se hallaba entre las fronteras de Chad, Nigeria, Camerún y Níger. La gente dependía de sus aguas para el riego de los cultivos, la pesca, el ganado y el agua para beber. N'guigmi, una ciudad de Níger a la que el lago Chad alguna vez abrazó por tres de sus flancos, se encuentra ahora a casi cien kilómetros del agua. Las barcas pesqueras y los taxis acuáticos están varados de forma permanente. Chad y Malafator, en Nigeria, han sufrido destinos similares. Al seguir las aguas en retroceso hasta Camerún, los pescadores nigerianos causaron escaramuzas militares y disputas legales internacionales. Cuando los granjeros comenzaron a labrar el lecho del que otrora había sido el lago, se produjeron luchas por los derechos de propiedad.

Mientras el lago Chad se secaba, un periodo de sequías particularmente intensas preparaba el escenario para la violencia que estalló en el cercano Darfur, una región sudanesa desgarrada por la guerra. Al norte y al oeste, Marruecos, Túnez y Libia pierden cada uno mil kilómetros cuadrados de tierras productivas al año

como consecuencia de la desertización. Y hacia el sur, en Malawi, cinco millones de personas estuvieron en peligro de morir de hambre en 2005, cuando los granjeros sembraron según el calendario, pero las lluvias nunca llegaron. La mayoría de los africanos aún depende, literalmente, de los frutos de su trabajo: cuando las cosechas fracasan, todo se viene abajo.

Se prevé que estos problemas se agravarán. Los científicos han predicho que para el final de este siglo, la gente de muchas ciudades africanas perderá entre un cuarto y la mitad del caudal fluvial que necesita para sobrevivir. En particular, durante los años secos, veinte millones de personas podrían perder las cosechas que los alimentan. El Delta del Okavango, en Botsuana, famoso por su exuberancia, podría perder tres cuartas partes del agua que contiene, poniendo en peligro una reserva de más de cuatrocientas cincuenta especies de aves, elefantes y predadores. La fauna salvaje africana atrae visitantes de todo el mundo y su pérdida destruiría el principal motor económico de la región, es decir, el turismo.

En ocasiones, en los debates que surgen alrededor de la mitigación de la hambruna, se da a entender que son los propios africanos quienes se la han buscado, por culpa de la corrupción o la mala administración. Pero a medida que comprendemos más profundamente el cambio climático, se hace más visible que los verdaderos culpables somos nosotros. EE. UU. emite alrededor de un cuarto de los gases invernadero del mundo, en tanto que todo el continente africano es responsable solamente del 5%. De igual modo que no podemos ver realmente los gases invernadero a menudo, y desde una distancia tan grande, tampoco vemos su impacto. Pero ya es momento de aceptar con frialdad y honestidad nuestro papel en este creciente desastre. Hemos contribuido a construir el sufrimiento de África y tenemos la obligación moral de acabar con él.

UNA MADRE SUDANESA Y SU HIJO EN UN DISPENSARIO DE ALIMENTOS, KALMA, DARFUR MERIDIONAL, 2005.

El segundo motivo del paradójico efecto del calentamiento global es que, si bien éste produce una mayor evaporación en los océanos, a causa de que una atmósfera más cálida puede admitir un mayor contenido de humedad, por eso mismo también se evapora más humedad del suelo.

En parte como consecuencia de ello, la desertificación ha estado aumentando en todo el mundo, década tras década.

El gráfico de la derecha muestra el impacto global, medido en kilómetros cuadrados por año. Las últimas cifras son significativamente peores.

CARRETERA INTERRUMPIDA POR UNA DUNA, VALLE DEL NILO, EGIPTO, 1991.

DESERTIFICACIÓN ANUAL GLOBAL

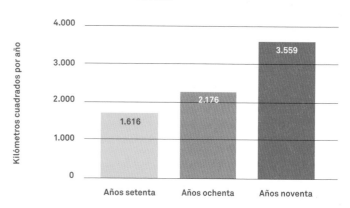

Kilómetros cuadrados por año

4.000		
3.000		3.559
2.000	2.176	
1.616		
1.000		
0		
Años setenta	Años ochenta	Años noventa

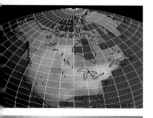

10 20 30 40 50 60
Porcentaje de pérdidas

EDUCCIÓN PREVISTA DE LA
UMEDAD DEL SUELO CON EL
UÁDRUPLE DE CO$_2$.

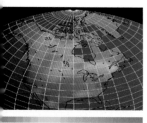

10 20 30 40 50 60
Porcentaje de pérdidas

ENTE: MODELO CLIMÁTICO
INCETON GFDL R15; EXPERIMEN-
S TRANSITORIOS CON CO$_2$

También en EE. UU. la evaporación de la humedad del suelo se incrementa enormemente con temperaturas más altas.

El mapa de la izquierda muestra lo que, según se prevé, ocurrirá con la humedad del suelo en EE. UU. si se duplica la cantidad de CO$_2$, lo que tendría lugar en menos de cincuenta años si continuáramos como hasta ahora. Según los científicos, esto llevará, entre otras cosas, a una pérdida de humedad del suelo de hasta un 35% en vastas zonas de cultivo de nuestro país. Y, desde luego, suelos más secos implican plantas con menor cantidad de agua, una agricultura menos productiva y muchos incendios. Más aún, ahora, los científicos nos están diciendo que si no actuamos rápidamente para contener la contaminación asociada al calentamiento global, pronto pasaremos como un rayo por la duplicación de la cantidad de CO$_2$ y nos dirigiremos hacia su cuadruplicación, en cuyo caso, afirman, la mayor parte de EE. UU. perdería hasta el 60% de la humedad del suelo.

¿Cómo discutimos un asunto tan catastrófico como éste en el marco tradicional de nuestro diálogo político?

GRANJERO EN UN CAMPO
EVASTADO POR LA SEQUÍA,
ONDADO DE WHARTON, TEJAS,
98.

121

Cemento y campo

Respiré libremente, a pleno pulmón, respiraciones vigorizantes, diferentes de cualquier otra que haya realizado en las calles de Washington, DC.

Desde que nací hasta que entré en la universidad, tuve la inusual experiencia de dividir cada año de mi vida entre dos escenarios radicalmente diferentes. Dado que mi padre era senador por Tennessee y trabajaba en Washington, DC, el hogar de mi familia durante ocho meses al año era un pequeño apartamento, el número 809 del hotel Fairfax.

Mi hermana, mi madre, mi padre y yo compartíamos un único cuarto de baño que conectaba la habitación de mis padres con la habitación que yo compartía con Nancy. El resto del apartamento estaba compuesto por una pequeña sala de estar y un comedor con una pequeña cocina anexa. Las ventanas daban a plazas de aparcamiento y otros edificios.

Los otros cuatro meses del año, vivíamos en una granja amplia y hermosa en Tennessee, con animales, luz del sol y hierba, todo ello al abrigo de una curva del claro y chispeante río Caney Fork. Alternar entre estos dos lugares año tras año me dio lo que ahora veo en retrospectiva como una oportunidad poco co-mún de comparar una realidad con otra; compararlas no intelectualment[e] sino emocionalmente. En aquellos añ[os] ambos lugares eran cambiantes y est[a]-ban en crecimiento, pero de diferent[es] maneras; la ciudad cambiaba mucho m[ás] rápidamente que el área rural que rode[a]-ba nuestra granja.

Con el tiempo, fui apreciando ca[da] vez más mis días en la granja. Ahora, e[s]-tas escenas pueden sonar a cliché pe[ro] en este caso, los clichés se han hec[ho] realidad: la hierba suave, el extendi[do]

lo, los árboles susurrantes y los lagos agua fresca. Respiré libremente, a no pulmón, respiraciones vigorizan-, diferentes de cualquier otra que ya realizado en las calles de Washing-, DC.

No es que mi familia no tuviera una a feliz en el apartamento del hotel. tenía. Pero allí el espacio era cerra- y estrecho, y estaba separado del ndo natural. Como millones de fami- s en la actualidad, acepté esa sepa- ión sin inconvenientes, estaba habi-

tuado a ella. No me lamentaba porque nuestra ventana diera a la calle ocho pisos más abajo.

De hecho, cuando era todavía un niño, después de la escuela, solía trepar al tejado por las escaleras de incendios, con alguno de mis amigos. Atábamos hilos alrededor de los cuellos de unos soldados de plástico y los bajábamos bobina tras bobina (de la bolsa de costura de mi madre) siete pisos y medio, hasta que chocaban con el sombrero del portero y éste empezaba a manotear en el aire. Cuando

era sólo un poco mayor, mis amigos y yo lanzábamos globos de agua, desde la misma peligrosa ubicación, sobre los techos de los coches detenidos por la luz roja del semáforo de la calle Veintiuno y la avenida Massachussetts. En otras palabras, hallé maneras de divertirme, aunque si yo hubiese sido mi padre, eso me habría horrorizado por completo.

Pero la granja siempre fue una experiencia de una clase diferente. Esperaba con impaciencia el momento de volver al campo; amaba esa granja. Cuando niño,

a menudo caminaba con mi padre por todo el lugar, aprendiendo de él a apreciar los detalles del terreno. Mi padre me enseñó la necesidad moral de cuidar la tierra. Nunca usó esas palabras exactas, pero era de lo que sus lecciones trataban.

Él me enseñó a reconocer el más mínimo indicio de una cárcava hecha por el agua de lluvia que se escurría por el suelo revuelto de un campo arado. Mi padre me mostró cómo colocar piedras o ramas en el camino de los minúsculos arroyuelos, para dispersar el agua y evitar que socavaran el terreno. Él me hizo comprender que si el agua continuaba libremente su curso, pronto abriría cárcavas más profundas, cortando el terreno y haciéndolo infértil al llevarse el rico humus.

Estas cicatrices eran comunes en la década de los años veinte y comienzos de los treinta, en todo el Sur y otras partes de EE. UU., y el instinto de mi padre de proteger y reparar la tierra me fue traspasado con gran esfuerzo a través de enseñanzas repetidas en un tono me-

surado. Si no hubiera aprendido lecciones tan tempranas a la vez que lo miraba hacer el trabajo con sus propias manos, podría haber hallado esas enseñanzas imposiblemente abstractas, sin ninguna relevancia para mí. Pero hasta el día de hoy, cuando camino por lo que ahora es mi granja, con mis hijos y nietos, les enseño esas mismas lecciones y, para mi asombro, me encuentro a mí mismo utilizando muchas de las palabras que oí cuando tenía cuatro, doce o veinte años.

De mi padre aprendí el deber de cuidar la tierra. Pero de mi madre aprendí las primeras lecciones acerca de lo vulnerable que es la Tierra al daño causado por los seres humanos. Cuando yo tenía catorce años, mi madre leyó *Primavera silenciosa*, de Rachel Carson, y le causó una impresión tan grande que insistió en leernos algunos pasajes en voz alta, después de cenar, durante diez o doce noches seguidas. Mi hermana y yo nos sentábamos con ella en el comedor y escuchábamos. Una de las razones por las que recuerdo esto tan bien es que el li-

bro de Carson fue uno de los pocos q mi madre trató de esa manera. Siemp leía libros y cuando yo era muy peque solía leerme mucho. Pero dejó de hac lo cuando me hice mayor, con excepci de ese único libro, que era algo difere te. Nunca lo he olvidado.

Primavera silenciosa conectaba la le ción básica de administración que hab aprendido en mi niñez con una nue lección: ahora la civilización era cap de dañar gravemente el medio ambien de maneras que, sencillamente, no h bían sido posibles en el pasado. Y e tan equivocado ignorar esta lecci como pasar de largo junto a una in piente cárcava en nuestra granja Tennessee.

Desde luego, tantos años yendo y niendo entre Washington y Carthage t vieron sus desventajas. Pero creo q también me dieron una perspectiva la naturaleza –del medio ambiente, si quiere– que agradezco haber tenido oportunidad de conocer. Pienso que hubiera crecido solamente en la gran hubiera considerado la naturaleza al

XTREMO IZQUIERDO: *Al, con cuatro años, y
familia partiendo desde Arlington,
irginia, hacia el hotel Fairfax, 1952.*
ZQUIERDA: *El hotel Fairfax, Washington,
C.*

rmal. Pero el hecho de que cada final
e verano se me privara de ella me per-
itió conocerla a través de su ausencia
apreciar mejor su incomparable bendi-
ón. Si hubiera crecido solamente en la
an ciudad, tal vez nunca hubiera sabi-
o lo que me perdía y tal vez jamás hu-
ese comprendido la advertencia del

Rachel Carson en un contexto moral,
personal.

Cuando fui elegido para ir al Congreso,
en 1976, Tipper y yo decidimos seguir
con nuestros hijos el mismo patrón que
había caracterizado mi crianza: escuela
en la gran ciudad; y cada verano y Navidad, en la granja.

ARRIBA: *Al, de tres años, y Al padre, en la
granja de la familia Gore, Carthage,
Tennessee, 1951.*

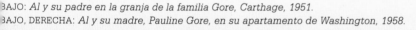

BAJO: *Al y su padre en la granja de la familia Gore, Carthage, 1951.*
BAJO, DERECHA: *Al y su madre, Pauline Gore, en su apartamento de Washington, 1958.*

Hay dos lugares de la Tierra que cumplen un papel en cierto modo parecido al de los canarios en las minas de carbón, es decir, regiones especialmente sensibles a los efectos del calentamiento global. La primera, retratada a la derecha, es el Ártico. La segunda es la Antártida.

En estos dos reinos helados, los científicos están observando cambios más rápidos y más anticipados –efectos más tremendos del cambio climático– que en cualquier otro lugar de la Tierra.

En las fotografías, estos dos extremos de la Tierra se parecen superficialmente entre sí. En ambos lugares, allí donde se mire hay nieve y hielo. Pero, bajo la superficie, hay entre ellos una enorme disparidad. A diferencia del gigantesco casquete de hielo de tres kilómetros de espesor de la Antártida, el casquete de hielo del Ártico tiene, de media, un espesor de menos de tres metros. Y la causa de esta diferencia yace bajo el hielo de cada polo: la Antártida es tierra rodeada por océano, en tanto que el Ártico es océano rodeado por tierra.

La sola delgadez del hielo flotante del Ártico –y de la capa helada de suelo en el área terrestre que rodea el océano Ártico, al norte del Círculo Polar Ártico– lo hace muy vulnerable a las temperaturas que se elevan abruptamente.

Como consecuencia, el impacto más espectacular del calentamiento global en el Ártico es la acelerada descongelación. Las temperaturas están subiendo allí más rápidamente que en ningún otro lugar del planeta.

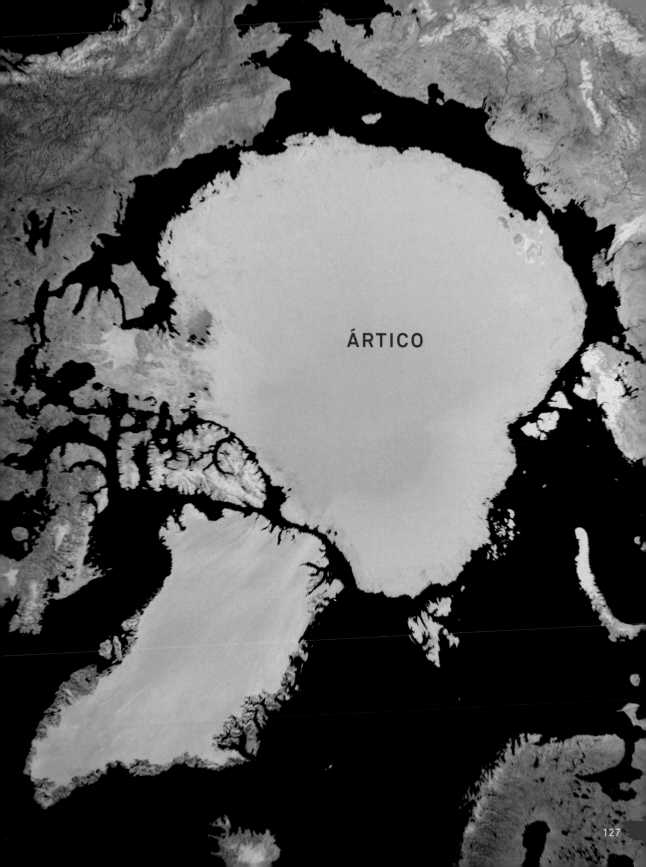

ÁRTICO

Esta imagen muestra la barrera de hielo de mayor tamaño del Ártico: la barrera Ward Hunt. Hace tres años, para asombro de los científicos, se partió en dos. Esto no había ocurrido nunca antes.

LOS INVESTIGADORES DESCUBREN LA BRECHA EN LA BARRERA DE HIELO DE WARD HUNT, EN NUNAVUT, CANADÁ, 2002.

En Alaska a estos árboles se los llama
«árboles borrachos», porque cada uno
está inclinado en una dirección diferente.
Pero éste no es el resultado de la fuerza
del viento ni del consumo de alcohol.

ABETOS, AL NORTE DE
FAIRBANKS, ALASKA, 2004.

Estos árboles hundieron sus raíces en lo profundo de la tundra helada hace décadas —incluso siglos— y ahora, a medida que la tundra de descongela, pierden su anclaje, lo que hace que se inclinen en todas direcciones.

as regiones que están al norte del Círculo ~~P~~olar Ártico permanecen congeladas la ~~m~~ayor parte del año. A una parte de este ~~s~~uelo constantemente congelado se la ~~ll~~ama *permafrost*.* Sin embargo, el calen~~t~~amiento global ha comenzado a derretir ~~g~~randes áreas de permafrost.

De la unión de los vocablos ingleses *permanent* (~~«~~permanente») y *frost* («escarcha»), expresión ~~pr~~opuesta en 1943 para reemplazar la más larga ~~pe~~*rmanently frozen ground* («suelo congelado ~~pe~~rmanentemente»). *(N. del T.)*

Ésta es la causa de que el edificio de la izquierda, ubicado en Siberia, esté derrumbándose. Fue construido sobre el permafrost y ahora éste está cediendo.

Es la misma causa por la que la casa de Alaska que se ve abajo a la izquierda tuviera que ser abandonada por su dueño.

INFRAESTRUCTURA EN PELIGRO HACIA 2050, POR CAUSA DE LA DESCONGELACIÓN DEL PERMAFROST

El Consejo del Ártico acaba de completar un estudio del daño de infraestructuras previsto a causa de la descongelación de la tundra en todo el hemisferio norte. Las áreas en rosa muestran dónde se han predicho los daños más severos. Adviértase la enorme área afectada en Siberia, aproximadamente un millón de kilómetros cuadrados de tierra que ha estado congelada desde la última glaciación. Según los científicos, esta área de la tundra tiene almacenadas 70.000 millones de toneladas de carbono, el cual se está tornando inestable con la descongelación del permafrost. El carbono de estos suelos siberianos es diez veces la cantidad de carbono emitido anualmente por las actividades humanas. El principal experto ruso en este campo, el científico Sergei Kirpotin, de la Universidad Estatal de Tomsk, ha lanzado una grave advertencia: la descongelación del permafrost es un «alud ecológico [...] relacionado con el calentamiento global».

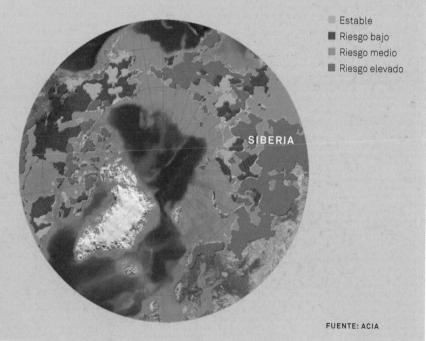

Estable
Riesgo bajo
Riesgo medio
Riesgo elevado

SIBERIA

FUENTE: ACIA

UN CAMIÓN TRANSITANDO POR
UN CAMINO INVERNAL SOBRE EL
CONGELADO RÍO KOTUY, TAIMIR,
SIBERIA SEPTENTRIONAL,
RUSIA, 2004.

n Alaska, ahora que el permafrost se stá descongelando, los camiones que eben viajar por autopistas congeladas la ayor parte del año se quedan atascados n el barro.

ónicamente, las compañías petroleras ue están intentando convencer al Con- eso de EE. UU. para que les permita rforar en busca de petróleo en las zonas otegidas de la Pendiente Norte de Alas- a también dependerían de las autopistas ongeladas. Pero ahora, la descongelación asiva del permafrost complica mucho ás su ya controvertida propuesta.

El gráfico de abajo muestra el número de días al año que la tundra de Alaska está congelada de manera lo bastante sólida como para conducir por ella.

Actualmente, ese número ha descendido a menos de ochenta días al año. La prima- vera llega más pronto, el otoño llega más tarde. Y, entretanto, las temperaturas continúan elevándose más rápidamente en el Ártico que en ningún otro lugar del mundo.

AS DE INVIERNO ADECUADOS PARA VIAJAR POR LA TUNDRA EN ALASKA ENTRE 1970 Y 2002

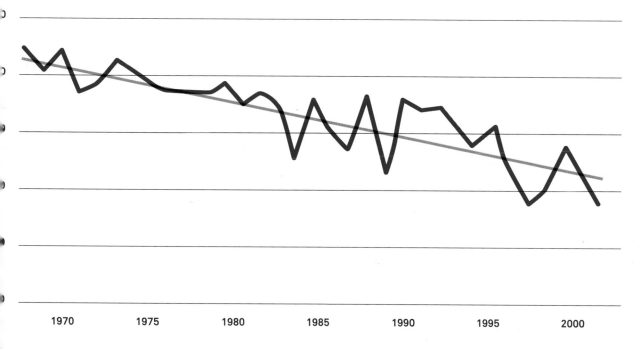

1970   1975   1980   1985   1990   1995   2000

La red de oleoductos de EE. UU. está amenazada a causa de la descongelación del permafrost.

COMPENDIO SOBRE COMBUSTIBLES ALTERNATIVOS

Cuando estaba en el Congreso, solíamos tener disputas acerca del valor de producir etanol (o sea, alcohol de cereal) a partir del maíz. A pesar de las bromas disparatadas, yo apoyé el etanol. Aun cuando algunas de sus consecuencias ambientales me ponían incómodo, pensaba que era importante para nosotros trabajar en alternativas para los combustibles fósiles, a fin de comenzar a abandonar la dependencia de EE. UU. del petróleo extranjero. Me complace decir que, desde entonces, ha habido innovaciones aun más novedosas, que han empezado a marcar una diferencia.

Una compañía canadiense ha hallado el modo de fabricar un nuevo tipo de etanol a partir de fibras vegetales, que es más barato y limpio que el etanol común. Se le llama «etanol celulósico», lo cual significa, simplemente, que en lugar de estar hecho a partir del azúcar del maíz, está hecho de celulosa, una fibra vegetal dura. El algodón, por ejemplo, es celulosa casi pura y gran parte de los desechos agrícolas están llenos de esta sustancia. De tal modo, ahora estamos en condiciones de utilizar las cañas del maíz, en lugar del grano. Y otras plantas que requieren escaso mantenimiento y producen un alto rendimiento, tales como el mijo y el álamo, también pueden convertirse en alcohol a bajo costo. Según una estimación, esta nueva tecnología implica que los desechos de las cosechas podrían crear el 25% de la energía necesaria para transporte. Y en tanto que el etanol que se obtiene del grano de maíz produce un 29% menos de gas invernadero que la gasolina, el etanol obtenido de celulosa podría disminuir los gases en un 85%.

El biodiesel es otro combustible alternativo del que tal vez el lector haya oído hablar. Se lo puede fabricar a partir de los remanentes de aceite para freír. Si alguna vez usted se ha preguntado cuántas patatas fritas tendríamos que comer para doblegar a la OPEP, le interesará saber que Changing World Technologies está fabricando biodiesel sin pasar por las frituras. La empresa ha perfeccionado un biorreactor que puede transformar cualquier tipo de materia orgánica en aceite. La primera planta productora se encuentra junto a una fábrica de productos avícolas, en Carthage, Misuri. Tómense 270 toneladas de entrañas de pavo, añádanse 20 toneladas de grasa de cerdo, procésese todo y, al final, se obtendrán 500 barriles de biodiesel del alto octanaje. En la actualidad, las aguas residuales, los neumáticos viejos y las botellas de plástico pueden ser transformados en combustible.

Es posible que el hidrógeno sea el definitivo combustible limpio del futuro. Pero la mayoría de los expertos coincide en que todavía faltas algunas décadas para llegar a una economía basada en el hidrógeno. Sabemos también que lo que funciona en una parte del país puede no funcionar en otras. Por ejemplo, el hidrógeno producido mediante la energía solar en Arizona es sensato y factible, porque en ese estado el promedio anual de días soleados es de trescientos. Pero producir hidrógeno a partir de carbón o gas natural genera un torrente de dióxido de carbono casi puro, el cual –a menos que sea almacenado de forma segura– podría empeorar aún más el efecto invernadero.

Parte de nuestro trabajo en el futuro será tomar las decisiones correctas en los sitios apropiados, saber qué resulta realista para cada estado y para cada sistema ecológico e industrial. Queremos impulsar las economías locales sabia y responsablemente, sin empeorar las tendencias que nos han traído a esta grave crisis.

Del palo polar al polo resplandeciente

Se puede leer estudios de campo, hablar con científicos y examinar gráficos, pero no hay nada como ver las cosas por uno mismo.

La historia que he intentado contar acerca del calentamiento global es también la de un doble viaje: uno metafórico y otro real. La presentación de diapositivas que ofrezco regularmente a públicos de todo el mundo es el extracto de mi propio viaje intelectual hacia la comprensión de la naturaleza de esta crisis y de nuestra dificultad para hacerle frente. Cada parte de la presentación reitera un momento de comprensión en mi propio proceso de aprendizaje. Mi objetivo al ofrecer este trabajo a diferentes auditorios es recrear para otros ese momento de descubrimiento.

Pero este viaje metafórico hacia el entendimiento de la crisis incluyó también un viaje real, mejor dicho, viajes reales hacia muchos lugares a los que es difícil llegar, en los que el calentamiento global es claramente visible, lugares remotos del planeta donde suelen trabajar, con gran esfuerzo y frecuentemente en condiciones extremadamente difíciles, muchos de los mejores científicos del mundo.

Se puede leer estudios de campo, hablar con científicos y examinar gráficos, pero no hay nada como ver las cosas por uno mismo. Me he embarcado en estos viajes no sólo por mis ansias de aprender todo lo que pudiera acerca de la crisis climática, sino también –en parte– porque me llevaban una vez más al exterior y me ofrecían la oportunidad de ver muchos lugares realmente fascinantes.

Explorando esos sitios en los que el calentamiento global ha dejado su impronta, he viajado de la cúpula de hielo de Groenlandia a los pantanos de los Everglades, del mar de Aral al Mar Muerto, de la Pendiente Norte de Alaska a la Isla Meridional de Nueva Zelanda, de las llanuras del Serengeti al desierto de Kyzyl Kum, del Nilo al Congo, de la costa Esqueleto, en Namibia, a las islas Galápagos; desde el Mauna Loa al delta del Mekong, de las Badlands, en Dakota, al cabo de Buena Esperanza; desde el Laboratorio Nacional de Oak Ridge, en Tennessee, hasta el sarcófago de Chernóbil en Ucrania, de la selva amazónica al Parque Nacional del Glaciar; desde el lago a mayor altura del mundo, el Titi-

caca, al desierto a menor altura del m[undo], el Valle de la Muerte, en Califor[nia]. Pero de entre todos los lugares que he [vi]sitado, el Polo Norte y el Polo Sur desta[can] completamente.

Cuando viajé al Polo Sur, me sorprend[ie]ron varias cosas. La primera, que el es[pe]sor de la nieve y el hielo acumulados [...] supera los tres kilómetros, por lo cual ex[pe]rimenté el mal de altura que sienten [...] todos aquellos que lo visitan por prim[era] vez: un ligero dolor de cabeza y náus[eas] que se pasan pronto, a medida que un[o] aclimata a la altitud. Antes, nunca se [me] había ocurrido que la altura media de [la] Antártida es muy superior a la de cualq[uier] otro continente del planeta: el hielo [y] nieve se han apilado, capa sobre capa, [du]rante tantos cientos de miles de años [que] han elevado significativamente la supe[rfi]cie del casquete de hielo. Y los geólo[gos] me han contado que el peso del hielo [y] nieve han hundido el lecho de roca sob[re] que se apoyan hasta dejarlo por debaj[o del] nivel del mar.

Otra cosa es que, puesto que las precipitaciones son muy limitadas, cada capa de nieve es bastante delgada, lo que presenta un desafío para los científicos que buscan datos en esos estratos. Las capas más antiguas, cercanas al lecho, están más comprimidas por el peso de los estratos superiores, lo que complica todavía más la tarea de medir el contenido de CO_2 de las minúsculas burbujas de aire atrapadas en el hielo.

La tercera, que si bien yo sabía que en la Antártida haría frío, en realidad no tenía idea de cuán frío sería ese frío. El pronóstico decía «50 °C bajo cero», pero nada de lo que había experimentado previamente me permitía entender lo que eso significaba. Y entonces aprendí una lección especialmente interesante de un veterano de varias temporadas en la Estación del Polo Sur: «El mal tiempo no existe —dijo—, sólo existe ropa inapropiada».

De manera comprensible, los científicos que viven y trabajan en la Antártida prestan mucha atención a la ropa (aun cuando muy poca a su apariencia). Las capuchas de sus chaquetas especialmente diseñadas se extienden un buen trecho por delante de sus caras, porque el aire es tan frío que tiene que ser templado –al menos un poco– antes de ser inspirado. Y la mayoría de las personas no pueden exponer sus cabezas por mucho tiempo sin arriesgarse a sufrir graves daños por congelación en las orejas. En consecuencia, la gente va por ahí escudriñando el mundo exterior a través de un túnel de espesa piel de conejo de treinta centímetros de espesor.

Es cierto que en el lugar exacto en el que se halla el Polo Sur [tal como sugiere el término inglés *pole*, que significa tanto «palo» como «polo»] hay un palo de barbero clavado en el hielo. Este palo cumple dos funciones: permite a los visitantes «dar la vuelta alrededor mundo» y es el lugar para hacerse las fotos. La técnica recomendada para las fotografías, dicho sea de paso, es quitarse la capucha por unos pocos segundos, sonreír valerosamente mientras se toma la fotografía y luego ponerse rápidamente la capucha otra vez.

Aún me llevé otra sorpresa cuando los científicos me mostraron que, cerca del Polo Sur, la presencia de contaminación aérea en las muestras de hielo disminuía poco después de la aprobación de la Ley del Aire Limpio de EE. UU., en 1970; mirando hacia atrás a través de los estratos anuales de hielo, uno puede ver realmente, con sus propios ojos, el antes y el después. Algo que tanto la Antártida como el Ártico tienen en común es su remota ubicación respecto de la civilización. A pesar de ello, en la actualidad, estas regiones que alguna vez fueron prístinas están marcadas por la contaminación industrial. Sobre el Polo Norte, el aire muestra niveles de contaminación todavía en aumento, a causa de los patrones de viento prevalecientes en el hemisferio norte y de la mayor concentración de la industria en este hemisferio.

Visité por primera vez el casquete de hielo ártico sólo dos años y medio después de mi visita a la Antártida y eso me permi-

tió ver el asombroso contraste. Volé en avión desde Deadhorse, en Alaska, hasta las costas del océano Ártico y luego en helicóptero al encuentro de un submarino para el viaje rumbo al norte, por debajo del casquete de hielo.

En mi segundo viaje, volé desde Groenlandia, donde primero abordé un C-130 especialmente equipado con esquíes y luego otro avión más pequeño también dotado de esquíes. Después de tres horas y media de vuelo hacia el norte en el avión pequeño, aterrizamos en un témpano de hielo, en el océano Ártico, y nos montamos en unas motos de nieve.

Nos detuvimos para dormir unas horas en tiendas montadas sobre el hielo, volvimos a las motos de nieve e hicimos un trayecto de unos tres kilómetros hacia el borde norte del témpano. Allí, unos miembros de la Marina habían marcado con escobas una gigantesca X en el punto donde estaba previsto que emergiera un submarino y retrocedimos hasta ponernos a una distancia que parecía segura.

Observé atemorizado cómo el gigantesco submarino rompía el hielo en su camino hacia la superficie. Al emerger la nave, hielo se fracturó y descubrí que una fisura se abría paso directamente hacia mí. Instantáneamente, me lancé a un lado. Mientras me incorporaba, noté que los marinos que estaban cerca sonreían; su reacción ante la fisura había sido considerablemente más tranquila que la mía.

Después de sumergirnos, viajamos siete horas rumbo al norte, hasta el Polo. Cuando llegamos, la pantalla de navegación mostraba una línea de ceros que me hizo sentir como si hubiera ganado el primer premio en una máquina tragaperras de alta tecnología. Dimos una vuelta y emergimos exactamente en el Polo.

Recuerdo cómo ascendí por la torreta del submarino para salir y me detuve sobre el hielo. Lo que más me impactó fue la belleza, la cualidad casi mágica de los pequeños cristales de hielo que había a todo mi alrededor y que reflejaban la brillante luz del sol como si se tratase de gemas voladoras.

La razón de mis dos viajes bajo el casquete de hielo ártico era aprender más sobre el calentamiento global y convencer a la Marina de EE.UU. de que entregara ciertos datos ultrasecretos a los científicos que estudian los efectos del calentamiento global sobre el hielo del Ártico.

La razón de que la Marina tenga dat[o]s únicos sobre el espesor del casquete [es] que una flota de submarinos especi[al]mente diseñados, capaces de emerge[r a] través del hielo, ha patrullado regul[ar]mente el océano Ártico, viajando baj[o la] superficie helada, durante casi cincu[en]ta años. Durante la Guerra Fría, nuest[ras] fuerzas militares estratégicas estab[an] preparadas para contraatacar en u[nos] pocos minutos en caso de aviso de ag[re]sión por parte de la antigua Unión Sov[ié]tica. Por tanto, los submarinos del Árt[ico] tenían que ser capaces de emerger m[uy] pronto, en el caso de un intercambio [nu]clear.

Pero eso constituye un desafío: el c[as]quete de hielo es mucho más grueso [en] algunos lugares que en otros. Aun con [su] especial diseño, estos submarinos s[e]

pueden emerger allí donde la capa de hielo tiene un espesor que no supera el metro. En consecuencia, la Marina usaba desde hacía tiempo un radar especial, dirigido hacia arriba, para medir el espesor del hielo situado sobre los submarinos mientras éstos hacían su largo viaje por debajo del casquete de polar. Y durante el último medio siglo los submarinos del Ártico han mantenido un cuidadoso registro del espesor del hielo en cada una de sus «transectas» o trayectos por debajo del hielo.

Yo iba tras ese registro de cinco décadas de espesor del hielo, clasificado como «de alto secreto». Quería que la Marina y la CIA, la cual también tenía autoridad sobre los datos, entregaran estos registros únicos a los científicos que los necesitaban desesperadamente para responder las preguntas cruciales acerca del calentamiento global: ¿se está derritiendo el casquete polar ártico? Y si así es, ¿cuán rápidamente?

Al principio, la Marina rehusó vigorosamente entregar los datos, temiendo que pudieran ser de ayuda a los enemigos de EE.UU., que podrían utilizarlos para descubrir las rutas de las patrullas submarinas. Como miembro del Comité de Servicios Armados del Senado entendía esos reparos perfectamente y trabajé con la Marina para conciliar sus legítimas preocupaciones con el imperativo ambiental, cuya importancia también era crítica. Bruce DeMars, el almirante que en aquel

momento lideraba el Programa de Propulsión Nuclear de la Marina y era el responsable de todos los submarinos, fue conmigo hasta el Polo Norte, me escuchó hablar acerca del calentamiento global todo el viaje y, a pesar de su escepticismo inicial, se transformó en un aliado inestimable. Él y Bob Gates, quien fuera director de la CIA durante la presidencia de Reagan, fueron quienes propusieron una solución innovadora, que permitió desclasificar los datos bajo un cuidadoso dispositivo de seguridad.

Lo que hicieron estuvo bien, porque la información probó ser mucho más importante y alarmante de lo que los científicos habían previsto. Los datos mostraban un espectacular patrón de rápida descongelación. En las últimas décadas, la información proveniente de los submarinos se ha combinado con las imágenes proporcionadas por los satélites, para ofrecer un panorama aún más abarcador, que muestra que el casquete de hielo del Polo Norte comenzó un veloz retroceso a mediados de la década de los setenta del pasado siglo.

Si bien el impacto del calentamiento global es más pronunciado en el Ártico y la Antártida, también hallé notables pruebas de efectos significativos en el Ecuador.

Durante dos viajes a la selva amazónica, encontré científicos que se mostraban cada vez más preocupados por los cambios en los patrones de las lluvias. En 2005, el

Amazonas sufrió la sequía más larga de la que se tenga registro; sus resultados fueron devastadores.

En Kenia, también sobre el Ecuador, escuché la creciente preocupación acerca de cómo se había agravado la amenaza de los mosquitos –y las enfermedades que éstos pueden transmitir– en regiones ubicadas a altitudes que antes resultaban demasiado frías como para que los mosquitos las colonizaran.

En todos mis viajes he buscado una mayor comprensión de la crisis climática y en todos ellos he encontrado no sólo pruebas del peligro al que nos enfrentamos de manera global, sino también expectativas de que será EE.UU. el país que guiará al mundo hacia un futuro más seguro y mejor. Como resultado, puesto que cada viaje me llevaba de nuevo a casa, he regresado cada vez con una convicción más profunda de que la solución a esta crisis, para comprender la cual he viajado tanto, tiene que iniciarse aquí, en mi país.

...bre en el Ecuador, en África, 1989.

He viajado en dos ocasiones por debajo del casquete polar ártico en un submarino nuclear que después emergió a través del hielo. La segunda vez salió a la superficie exactamente en el Polo Norte. La serie de fotografías que se ve abajo muestra uno de los submarinos de la Marina de EE.UU. – especialmente diseñados para el Ártico– que han estado patrullando debajo del casquete polar durante casi cincuenta años, de forma continua desde la primera misión del submarino nuclear *Nautilus*, en 1958. Adviértanse los alerones de la torreta del submarino; en la mayoría de los sub-marinos, aquéllos permanecen en posición horizontal para ayudar a gobernar el barco mientras se desliza por el agua. En estos modelos, sin embargo, los alerones pueden rotar hasta quedar en posición vertical (como en la fotografía), con el fin de actuar como cuchillas que ayuden a romper el hielo cuando el submarino sale a la super-ficie. Puesto que sólo pueden emerger en áreas en las cuales el hielo tiene hasta un metro de espesor, la Marina guarda un meticuloso registro del espesor del hielo medido mediante radares dirigidos hacia la superficie.

CAPTURAS DE VÍDEO DEL SUBMARINO
PARGO EMERGIENDO A TRAVÉS DEL HIELO

urante muchos años, estos datos fueron onsiderados secretos por la Marina. uando les persuadí de que los sacaran a luz, mostraron un panorama alarmante.

Desde la década de los setenta, la extensión y el espesor del casquete polar del Ártico han disminuido de manera precipitada. Actualmente hay estudios que muestran que si continuamos haciendo todo como de costumbre, el casquete polar ártico desaparecerá completamente cada verano. En la actualidad, el casquete tiene un papel crucial en el enfriamiento de la Tierra. Impedir que desaparezca tiene que ser una de nuestras prioridades principales.

XTENSIÓN DEL HIELO MARINO: HEMISFERIO NORTE

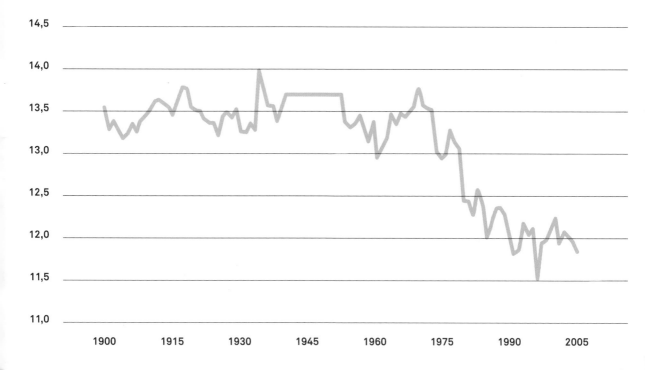

Entre las causas de que el casquete polar ártico se haya estado derritiendo tan rápidamente, está, primero, que el hielo ártico es mucho más delgado que el hielo antártico, ya que flota en el océano Ártico. Segundo, tan pronto una porción del hielo se derrite, se produce una enorme diferencia en la cantidad de calor del sol absorbida. Como se ve en la ilustración de la derecha, el hielo refleja –como un gigantesco espejo– la mayor parte de la radiación solar, en tanto que el agua del mar absorbe la mayor parte de ese calor. A medida que la temperatura del agua se eleva, el ritmo al que se derriten los bordes de hielo cercanos se acelera. Se trata de un ejemplo de lo que los científicos llaman «retroalimentación positiva», y está ocurriendo en el Ártico, exactamente en este momento.

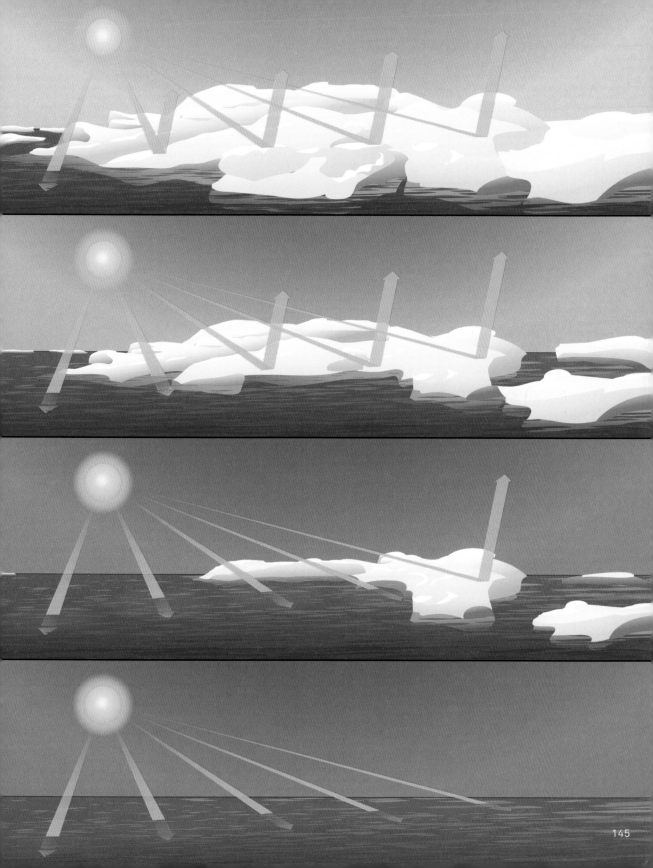

El deshielo es una mala noticia para animales como los osos polares. Un estudio científico reciente muestra que, por primera vez, un número significativo de osos polares han muerto ahogados. Estas muertes eran raras en el pasado. Pero ahora, los osos tienen que nadar distancias mucho mayores entre témpano y témpano. En algunos lugares, el borde del hielo está a entre 40 y 60 kilómetros de la costa.

¿Qué importancia tiene para nosotros ver ahora una enorme extensión de agua, en el extremo de nuestro mundo, donde solía haber –pero ya no hay– una enorme extensión de hielo? Nos debe importar mucho, porque ello tiene graves efectos planetarios.

UNA OSA POLAR Y SU CRÍA
SOBRE UNA BANQUISA,
SPITZBERGEN, NORUEGA, 2002.

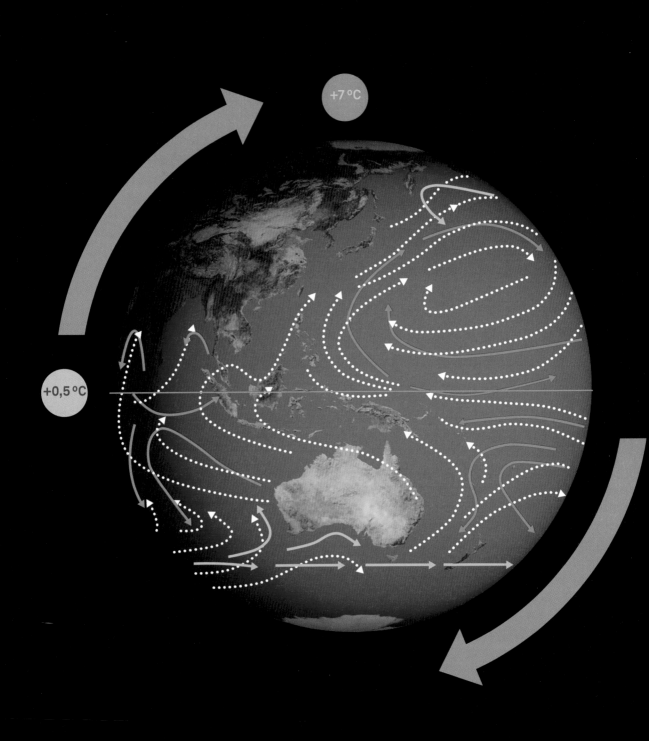

+7 °C

+0,5 °C

FUENTE: I

El derretimiento del Ártico podría cambiar profundamente todo el patrón climático del planeta. Los científicos dicen que el clima global es un «sistema no lineal», lo cual es sólo una extraña manera de decir que no todos los cambios son graduales. Algunos de ellos pueden presentarse de repente, a grandes saltos, como ya ha ocurrido en el pasado.

Los científicos dicen que el clima del mundo se entiende mejor si se lo piensa como una suerte de máquina que redistribuye el calor desde el Ecuador y los trópicos hacia los polos. Entre el Trópico de Cáncer y el Trópico de Capricornio la Tierra absorbe mucha más energía solar porque el Sol se encuentra directamente sobre esas regiones todos los días del año.

En cambio, al Polo Norte y al Polo Sur, los rayos del Sol sólo llegan de manera indirecta. Cada uno de ellos recibe luz solar únicamente durante la mitad del año, lapso durante el cual el otro polo se halla en la más completa oscuridad.

La redistribución del calor desde el Ecuador hacia los polos impulsa los vientos y las corrientes marinas, tales como la corriente del Golfo y la corriente en chorro [o *jet stream*]. En términos generales, estas corrientes han seguido el mismo patrón desde el final de la última glaciación, hace 10.000 años, por tanto desde antes de que se construyeran las primeras ciudades humanas. Perturbar esas corrientes tendría consecuencias incalcula-

bles para toda la civilización. Y, con todo, la crisis climática está acumulando el potencial para hacer exactamente eso.

La temperatura promedio de todo el mundo es de unos 14,5 °C.

Un aumento de unos tres grados significa, en realidad, un incremento de medio grado o un grado en el Ecuador, pero de más siete grados en el Polo Norte y una subida todavía más marcada en la periferia de la Antártida.

Como consecuencia, todos esos patrones de vientos y corrientes oceánicas que se formaron durante la última glaciación y han sido relativamente estables desde entonces, ahora están en situación incierta.

Nuestra civilización no ha experimentado jamás un cambio ambiental ni remotamente parecido al que nos amenaza. El patrón climático actual ha existido durante toda la historia de la civilización humana.

Cada lugar –cada ciudad, cada granja– está ubicado o se ha desarrollado sobre la base del único patrón climático que hemos conocido.

Según los científicos, en el Atlántico Norte, allí donde la corriente cálida del Golfo se encuentra con los vientos fríos que provienen del Ártico cruzando Groenlandia, se encuentra un componente del sistema climático global que es sorprendentemente frágil. Al chocar las aguas cálidas con el aire frío, la diferencia de temperatura origina vapor, el cual es llevado hacia el este, hacia Europa occidental, por los vientos dominantes y la rotación de la Tierra.

Las corrientes oceánicas están todas vinculadas en un bucle –como una gran cinta de Moebius– llamado Cinturón de Transporte Oceánico Global. Las partes rojas del bucle que se muestra abajo representan las superficies cálidas, la más conocida de las cuales es la corriente del Golfo, que fluye a lo largo de la costa oriental de América del Norte. Las porciones azules del bucle representan las corrientes frías profundas, que fluyen en dirección opuesta.

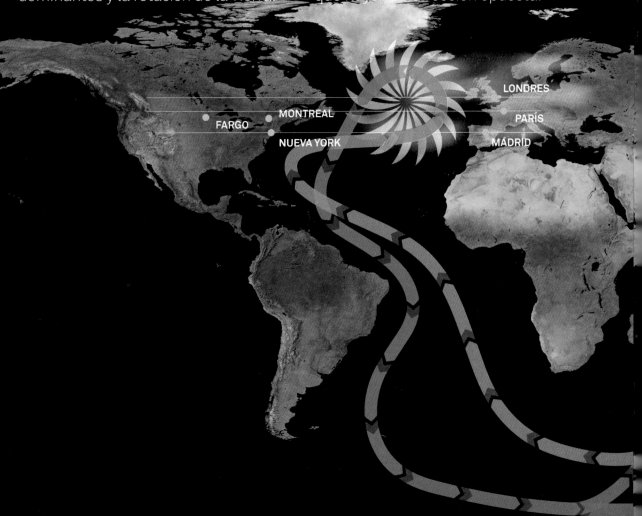

Dicho sea de paso, el calor extraído de la corriente del Golfo y llevado a Europa por el vapor, hace que París y Londres tengan temperaturas mucho más elevadas que Montreal o Fargo (Dakota del Norte), aun cuando todas ellas se encuentran a latitudes bastante parecidas. Madrid es mucho más templada que Nueva York, pese a que se hallan a la misma latitud.

Después de la evaporación del agua cálida, lo que queda en el Atlántico Norte no solamente es agua más fría, sino también más salada. Como la sal se queda donde estaba, su concentración se incrementa. En consecuencia, el agua que queda es mucho más pesada y, por lo tanto, se hunde a la asombrosa velocidad de 19.000 millones de litros por segundo. En su vertiginosa caída, directamente hacia el fondo del océano, forma el comienzo de la corriente de agua fría que fluye hacia el sur.

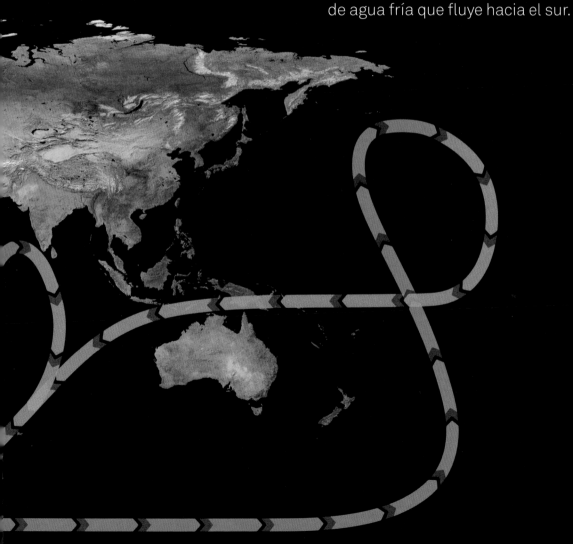

El antiquísimo ritmo de las estaciones de la Tierra, verano, otoño, invierno y primavera, también está cambiando, al calentarse ciertas partes del mundo más rápidamente que otras.

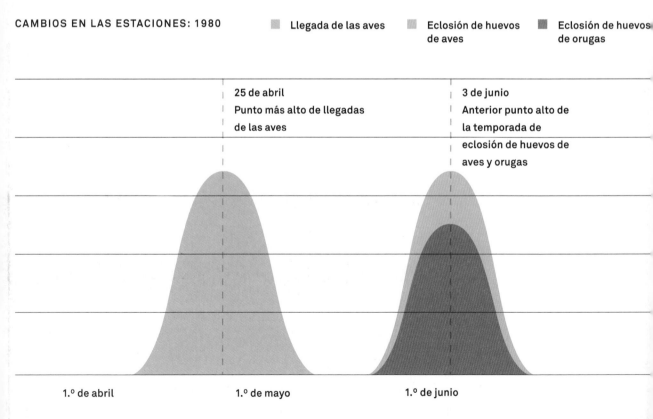

Llegada de las aves

Eclosión de huevos de aves

Eclosión de huevos de orugas

25 de abril
Punto más alto de llegadas de las aves

3 de junio
Anterior punto alto de la temporada de eclosión de huevos de aves y orugas

1.º de abril

1.º de mayo

1.º de junio

n estudio realizado en los Países Bajos, y ue se ilustra debajo, muestra que hace inticinco años, la fecha punta de llegada e aves migratorias era el 25 de abril. Sus uevos hacían eclosión casi seis semanas espués, con un punto alto el 3 de junio, sto en el momento del punto alto de la mporada de orugas. En la actualidad, s décadas de calentamiento más tarde, s aves todavía llegan a fines de abril, ro las puntas de orugas se dan dos manas antes, dejando a las hembras de s aves sin su fuente tradicional de ali-ento para los pichones. La fecha de áxima eclosión se ha trasladado ligera-ente hacia delante, pero no se puede over mucho. El resultado es que los chones están en problemas.

El calentamiento global está perturbando millones de relaciones ecológicas delica-damente equilibradas, precisamente de este modo.

FUMAREL COMÚN ALIMENTANDO SUS POLLUELOS, DE WIEDEN, OVERIJSSEL NOROCCIDENTAL, PAÍSES BAJOS.

MBIOS EN LAS ESTACIONES: 2000

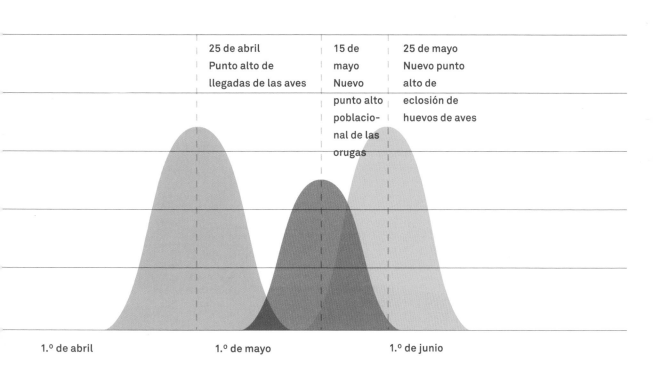

| 25 de abril Punto alto de llegadas de las aves | 15 de mayo Nuevo punto alto poblacio-nal de las orugas | 25 de mayo Nuevo punto alto de eclosión de huevos de aves |

1.º de abril   1.º de mayo   1.º de junio

He aquí otro ejemplo de cómo el calentamiento global perturba el equilibro de la naturaleza tal como la conocemos.

La línea azul del gráfico representa el abrupto descenso del número de días con escarcha por año del suelo del sur de Suiza. El área naranja muestra el abrupto aumento simultáneo del número de especies exóticas invasoras que se han apresurado a llenar los nichos ecológicos creados recientemente.

Lo mismo está ocurriendo también en EE. UU. En el Oeste estadounidense, por ejemplo, la destructiva propagación del escarabajo descortezador del pino solía ser ralentizada por los inviernos más fríos, los cuales reducían su número estacionalmente. Pero ahora, con menos días de escarcha, estos escarabajos están medrando y los pinos están siendo diezmados.

CAMBIOS EN LAS ESTACIONES

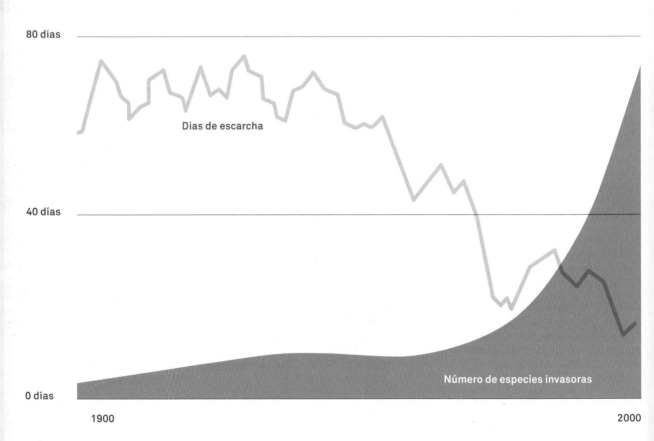

80 días

Días de escarcha

40 días

0 días

Número de especies invasoras

1900

2000

FUENTE: *REVISTA NATIONAL GEOGRAPHIC*

DAÑO CAUSADO POR EL
ESCARABAJO DESCORTEZADOR DEL
PINO, PLAINS, MONTANA, 1989.

Esta fotografía muestra una parte de los 5,7 millones de hectáreas de abetos muertos, en Alaska y la Columbia Británica, por causa de los escarabajos descortezadores, cuya rápida dispersión solía ser detenida por inviernos más fríos y largos.

ABETOS MUERTOS POR CAUSA DE LOS ESCARABAJOS DESCORTEZADORES, CERCA DE HOMER, ALASKA, 2004.

Un viaje por la naturaleza

———◆———

**Perder algo es una cosa;
olvidar lo que se ha perdido
es algo muy diferente.**

Cuando regresé de Vietnam, en 1971, mi esposa Tipper y yo compramos una tienda, un hornillo Coleman, un farol y dos mochilas. Pusimos las cosas en el maletero de nuestro Chevrolet Impala y viajamos por todo el país, desde Nashville hasta California y vuelta, acampando durante todo el camino.

Comenzamos el viaje yendo hacia el norte, primero a Michigan, luego a través de la península Superior hasta Wisconsin y a través de Minnesota hasta Dakota del Sur, saltando de un parque nacional, bosque nacional o monumento nacional al siguiente. Recuerdo especialmente las Badlands, donde montamos nuestra tienda en el primitivo campamento y realizamos largas caminatas a través del desnudo, yermo, estéril paisaje que evocaba imágenes de como imaginábamos sería la superficie de la Luna.

A continuación nos dirigimos hacia el monte Rushmore, la Torre del Diablo y luego continuamos hasta los majestuosos paisajes del Parque Nacional de Yellowstone y los Grand Tetons. Hicimos una larga caminata hacia el Gran Lago Salado, a través del paso Donner, cruzando la Sierra Alta hacia Muir Woods y las secuoyas gigantes, y finalizando en la costa del Pacífico, en el condado de Marin, al norte de San Francisco.

En el camino de regreso a Tennessee, vimos Yosemite y el Gran Cañón; después Mesa Verde y Santa Fe. Fue un viaje maravilloso, una aventura que puso de manifiesto tanto la amplitud de nuestro país como nuestro propio pequeño lugar en él. Tipper y yo todavía nos maravillamos de todo lo que vimos y de la perspectiva que nos ofreció. En un tiempo en que el país sufría aún los estertores del conflicto de Vietnam, ver lo mejor de EE. UU. era algo alentador. También era un íntimo alivio el estar juntos otra vez después de mi larga ausencia, iniciada poco después de nuestro matrimonio, en 1970.

Al año siguiente estábamos otra vez en el Impala, acampando nuevamente, esta vez explorando las montañas Rocosas de Colorado.

Tipper y yo siempre hemos compartido el mismo impulso de salir al aire libre, de escaparnos, de pasar el tiempo sin horarios en lugares salvajes. Habitualmente, nues-

Al y Tipper en la Sierra Alta,
Soda Springs, California, 1971.

do la misma sensación de renovación q... yo siento cuando estamos en un lago o e... calando entre las rocas. Cuando regres... la naturaleza, tras meses de caminar sob... cemento y vivir en una caja, siento un p... pable cambio interno. No ocurre de inm... diato, he de adaptarme a ello. A veces lle... un tiempo quitarse de encima el frenesí... bano. Pero, de manera inevitable, esa ser... nidad, esa quietud, se va estableciendo... cuando finalmente está allí, es como ins... rar profundamente y decir: «¡Oh, sí, lo h... bía olvidado!».

Perder algo es una cosa; olvidar lo que... ha perdido es otra cosa muy diferente. ... vez no debería generalizar a partir de ... experiencia personal, pero creo que nue... tra civilización está peligrosamente ce... del olvido de lo que hemos perdido y, d... pués, del olvido de que lo hemos perdi... La causa de ello es nuestra falta de opor... nidades de comulgar con la naturale... Esto puede sonar un poco a charla *hipp*... pero desafío a cualquiera a que se pas... por los prístinos tesoros de este país y e... no le hagan sentir sereno, humilde y re... venecido.

Creo que cuando Dios nos creó (y c... que la evolución fue parte del proceso q... Dios usó para ello), nos moldeó, insufló v... y un alma en nosotros y luego nos dej... bres en la naturaleza, no separados de e... dándonos una íntima conexión con tod... sus aspectos. La relación que tenemos c... el mundo natural no es una relación en... «nosotros» y «eso». Es nosotros y som... parte de eso.

tras vacaciones han tenido que ver con casas barco, mochilas o tiendas.

Cuando nuestros hijos fueron lo bastante mayores, regresamos al Gran Cañón y los llevamos a los cuatro a través de 362 kilómetros por el río Colorado, pasando trece días y noches viajando en canoa y a pie de día y durmiendo en la ribera por las noches. Fue muy emocionante pasar juntos ese tiempo sin prisas. Escalábamos áreas remotas del cañón bajo el calor del mediodía y hacíamos fogatas por la noche, intercambiando historias acerca de nuestras proezas a través de los rápidos.

Ésos fueron unos de los días más divertidos que hemos tenido como familia: nosotros seis en sacos de dormir, cocinando lo que comíamos y escuchándonos unos a otros. Hay una paz especial, para mí al menos, en la simplicidad de esos momentos.

He sido afortunado al casarme con una mujer que, además de tener otras cautivadoras cualidades, aprecia la naturaleza tanto como yo. Tipper ha descrito a menu-

Nuestra facultad de tener conciencia y pensamiento abstracto no nos separa en modo alguno de la naturaleza. Nuestra capacidad de análisis a veces nos lleva a una arrogante ilusión: que somos tan especiales y únicos que la naturaleza no tiene relación con nosotros. Pero el hecho es que estamos inextricablemente vinculados.

Sé que hay mucha gente que deja de lado el medio ambiente porque lo considera algo irrelevante para la existencia cotidiana y creo que conozco el motivo de ello. Cuando estaba en Washington, siendo un niño, también me hice adicto al ritmo y al zumbido de ese tipo de vida. A veces, de regreso en Carthage cada verano, he echado de menos el pulso de Washington.

En parte como resultado de ello, tengo un saludable respeto por el magnético poder de una existencia de horarios recargados, superpoblada e hiperestimulada. Esa vida está diseñada para monopolizar nuestra atención, para vendernos cosas, para que nos apresuremos de un sitio al siguiente, para que nos centremos en asuntos que parecen vitales, aun cuando no lo son. Puede parecernos que este abarcador medio ambiente artificial es todo lo que existe.

La naturaleza, por el contrario, posee un ritmo demasiado lento, es poco exigente, quizás poco satisfactoria para muchos. Pero si uno nunca se coloca en medio de la naturaleza –para comprender que su esencia es nuestra esencia– entonces se inclina a tratarla como si fuese algo trivial. Se adquiere cierta tendencia a abusar de ella y a destruirla a causa del

descuido, sin reconocer que lo que se hace está mal. Así, la naturaleza se transforma en el mero decorado de la experiencia y carece de un significado propio más profundo.

Hemos llegado a aceptar la actitud dominante: si la naturaleza puede ofrecer algo de valor para la maquinaria lucrativa del comercio, entonces, ciertamente, deberíamos cogerlo y despedazarlo, sin pensar dos veces acerca de las heridas que quedan atrás.

Según esta manera de pensar, si la explotación tiene como resultado un daño al medio ambiente, pues, que así sea; la naturaleza siempre se curará por sí sola y nadie debería preocuparse por ello.

Pero lo que le hacemos a la naturaleza nos lo hacemos a nosotros mismos. La magnitud de la destrucción ambiental tiene ahora una escala que pocos habían previsto; las heridas no se curarán, sencillamente, por sí solas. Tenemos que actuar con decisión para detener el daño.

ARRIBA: *Al y Tipper en una caminata, Soda Springs, California, 1982.*
IZQUIERDA: *La familia Gore en el río Colorado, bajando por el Gran Cañón, 1994.*

RANA DE CRISTAL GIGANTE

LÉMUR RATÓN GIGANTE

ÁNSAR CARETO

BALLENA DE GROENLANDIA

ALBATROS DE CABEZA GRIS

PINGÜINO EMPERADOR

SAPO DORADO

PINGÜINO MACARONI

COQUÍ (RANA ARBORÍCOLA)

CORMORÁN NO VOLADOR

FOCA PELETERA

GRULLAS CARUNCULADAS

PINGÜINO DE OJOS AMARILLOS

OSO POLAR

BARNACLA CUELLIRROJA

FOCA LEOPARDO

ctualmente, muchas especies de todo el
undo están amenazadas por el cambio
imático y algunas de ellas se están
xtinguiendo, en parte por causa de la
risis climática y en parte por causa de la
vasión por parte del hombre de los
gares donde antes prosperaban.

e hecho, estamos delante de lo que los
ólogos comienzan a describir como una
risis de extinción masiva, con un ritmo de
xtinción mil veces más elevado que el
ormal de fondo.

Muchos de los factores que contribuyen a
esta ola de extinción también están contribuyendo a la crisis climática. Ambas
están relacionadas. Por ejemplo, la destrucción de la selva amazónica lleva a
muchas especies a la extinción y, simultáneamente, añade más CO_2 a la atmósfera.

:RDIDA DE ESPECIES

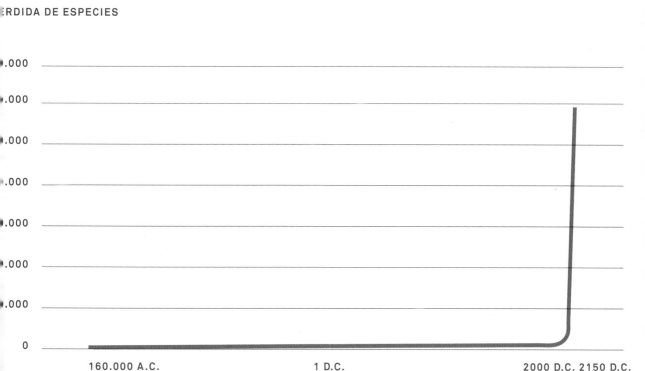

| | 160.000 A.C. | 1 D.C. | 2000 D.C. 2150 D.C. |

ENTE: NACIONES UNIDAS

Los arrecifes de coral, que son tan importantes para las especies marinas como las selvas lo son para las criaturas terrestres, están muriendo en grandes cantidades por causa del calentamiento global.

En 2005, el año más cálido del cual tengamos registro hasta la fecha, hubo una pérdida masiva de arrecifes coralinos, incluyendo algunos que estaban en perfecto estado cuando Colón llegó por primera vez al Caribe. En 1998, el segundo año más cálido del que se tenga registro, el mundo sufrió una pérdida estimada del 16% de sus arrecifes de coral.

Muchos factores han contribuido a la muerte de los arrecifes de coral: la contaminación de las costas cercanas, la destructiva pesca con dinamita en las regiones menos desarrolladas y la mayor acidez de las aguas oceánicas. Sin embargo, la causa más letal de este deterioro reciente, veloz y sin precedentes es, según los científicos, la mayor temperatura del mar producto del calentamiento global.

El blanqueo del coral –el proceso que transforma un arrecife de coral saludable y multicolor en un esqueleto blanco o gris– tiene lugar cuando los pequeños organismos que viven en la membrana transparente que cubre el esqueleto calcáreo sufren estrés a causa del calor o de otros factores y abandonan el lugar. Cuando huyen del coral, la delgada piel transparente –ahora ya sin las coloridas zooxantelas, o *zooks*, como les llaman los científicos anglófonos– revela el esqueleto incoloro de carbonato de calcio que hay debajo. La apariencia blanqueada es, habitualmente, el preludio de la muerte del coral.

CORAL LECHUGA, ISLAS FÉNIX
KIRIBATI, POLINESIA, 2004.

El vínculo entre el calentamiento global y el blanqueo masivo de los corales, aún controvertido hace sólo diez o quince años, es universalmente aceptado en la actualidad.

CORAL BLANQUEADO, ARRECIFE
RONGELAP, ISLAS MARSHALL, 2004.

Los corales –junto con muchas otras formas de vida marinas– están amenazados por el incremento sin precedentes de las emisiones de dióxido de carbono en todo el mundo; no sólo a causa de que estos gases se acumulan en la atmósfera de nuestro planeta y aumentan la temperatura del océano, sino también porque hasta un tercio de esas emisiones acaban hundiéndose en el océano y elevando la acidez de sus aguas. Los científicos han medido recientemente este perjudicial proceso.

Estamos acostumbrados a pensar acerca de los efectos nocivos del exceso de CO_2 que hemos estado lanzando a la atmósfera. Pero ahora también tenemos que preocuparnos por la transformación química de los océanos.

El ácido carbónico resultante del exceso d CO_2 cambia el pH de las aguas marinas y modifica la proporción de iones de carbonato y bicarbonato. Esto, a su vez, afecta los niveles de saturación de carbonato de calcio de los océanos y esto es importante de manera habitual, muchas criaturas marinas pequeñas utilizan el carbonato d calcio como material básico para la construcción de sus estructuras duras –como en el caso de los arrecifes y las conchas– de las cuales dependen sus vidas.

El elevado impacto de este exceso de CO_2 en nuestros mares se ilustra en los tres mapas del hemisferio occidental que se presentan en el margen derecho de la página que sigue. Estos mapas muestran las condiciones oceánicas ideales desde el punto de vista de un coral. El área verd grande de la imagen superior representa las condiciones óptimas para el coral, tal como las había en la época preindustrial La imagen del medio muestra las condiciones actuales e ilustra la reducción de las áreas óptimas para el coral a causa d aumento de la acidez del mar.

ESTRELLA DE MAR, COLUMBIA BRITÁNICA, CANADÁ.

imagen inferior es una proyección de lo
e le ocurrirá a la acidez oceánica si
jamos que el nivel de CO_2 preindustrial
duplique, lo cual ocurrirá en cuarenta y
co años, a menos que hagamos algo al
pecto. Como muestra la imagen, las
eas óptimas para el coral desaparece-
n totalmente.

l vez sorprendentemente, la declinación
la saturación de carbonato de calcio
oducida por el exceso de CO_2 se inicia en
aguas marinas más frías, cerca de los
los, y luego, con el incremento del volu-
en de CO_2, la acidificación se desplaza
sde los polos hacia el Ecuador.

fotografía de la izquierda muestra una
trella de mar, una de las muchas formas
vida perjudicadas por el incremento del
vel de CO_2 en el océano.

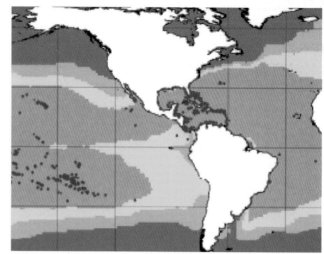

Preindustrial, 1880

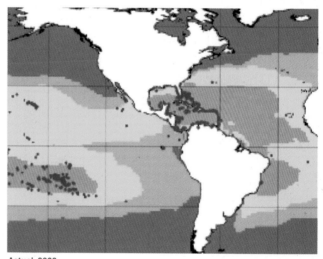

Actual, 2000

SATURACIÓN DE CARBONATO
DE CALCIO ÓPTIMA EN
HÁBITATS CORALÍFEROS DE
LAS AGUAS SUPERFICIALES
DE LOS OCÉANOS.

■ > 4,0 Óptima

□ 3,5-4,0 Adecuada

▨ 3,0-3,5 Marginal

■ < 3,0 Extremadamente baja

FUENTE: USGCRP

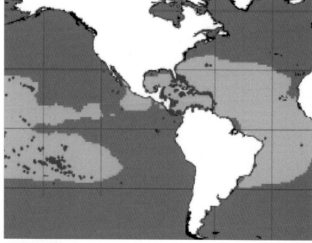

Predicha, 2050

Estamos cambiando la química de nuestros océanos de muchas maneras, en todo el mundo. Como consecuencia, hay muchas nuevas «zonas muertas», carentes de vida marina. Algunas han sido producidas por las floraciones de algas en aguas más cálidas, alimentadas por la contaminación que proviene de las actividades humanas que se desarrollan en la costa.

Muchas de estas floraciones han crecido hasta niveles espectaculares y totalmente sin precedentes en varios lugares. En 2005, por ejemplo, se tuvieron que cerrar muchos centros turísticos en el mar Báltico, a causa de las algas.

La marea roja de Florida es un fenómeno similar.

ALGAS FLORECIENDO EN EL MAR
BÁLTICO, GOTLAND, SUECIA, 2005.

ALGAS FLORECIENDO CERCA DE
LA COSTA, GOTLAND, SUECIA, 2005.

ALGAS FLORECIENDO EN EL MAR
BÁLTICO, GOTLAND, SUECIA, 2005.

Las algas son solamente uno de los vectores de enfermedades que han estado aumentando el alcance de su distribución por causa del calentamiento global. Y cuando estos vectores –ya sean algas, mosquitos, garrapatas u otras formas de vida transportadoras de gérmenes– comienzan a aparecer en nuevas áreas y adquieren una distribución más amplia, hay más oportunidades de que interactúen con las personas y de que las enfermedades que trasportan se transformen en amenazas más graves.

En general, la relación entre la especie humana y el mundo microbiano de los gérmenes y los virus es menos amenazante cuando hay inviernos más fríos, noches más frías, mayor estabilidad en los patrones climáticos y menos perturbaciones. Además, la amenaza que proviene de los microbios se reduce cuando la rica biodiversidad de regiones tales como las selvas tropicales –donde se halla el mayor porcentaje de especies del planeta– se protege de la destrucción y la expansión del hombre.

VECTORES DE ENFERMEDADES INFECCIOSAS EMERGENTES

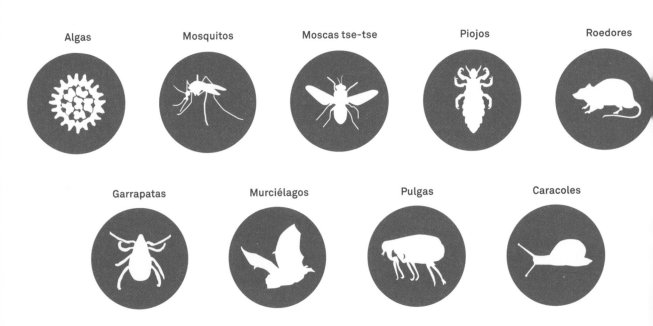

Algas   Mosquitos   Moscas tse-tse   Piojos   Roedores

Garrapatas   Murciélagos   Pulgas   Caracoles

El calentamiento global empuja todas estas fronteras en la dirección incorrec- ta, lo cual aumenta la vulnerabilidad de los seres humanos a enfermedades nuevas y poco conocidas, así como a nue- vas cepas de enfermedades que estaban bajo control.

Por citar un importante ejemplo de este fenómeno, los mosquitos son profunda- mente afectados por el calentamiento global. Hay ciudades que originariamente estaban ubicadas por encima de la línea de los mosquitos, que solía señalar la altitud que los mosquitos no sobrepasa- ban. Nairobi –en Kenia– y Harare –en Zimbabue– son dos de esas ciudades. Actualmente, con el calentamiento global, los mosquitos están llegando a altitudes mayores.

OS MOSQUITOS SE DESPLAZAN A ALTITUDES MAYORES

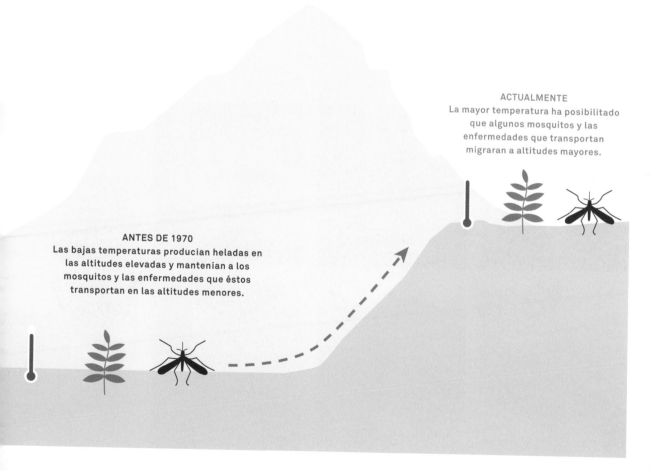

ACTUALMENTE
La mayor temperatura ha posibilitado que algunos mosquitos y las enfermedades que transportan migraran a altitudes mayores.

ANTES DE 1970
Las bajas temperaturas producían heladas en las altitudes elevadas y mantenían a los mosquitos y las enfermedades que éstos transportan en las altitudes menores.

Treinta de las llamadas nuevas enfermedades han surgido en los últimos veinticinco o treinta años. Y algunas enfermedades antiguas que habían estado bajo control están surgiendo nuevamente.

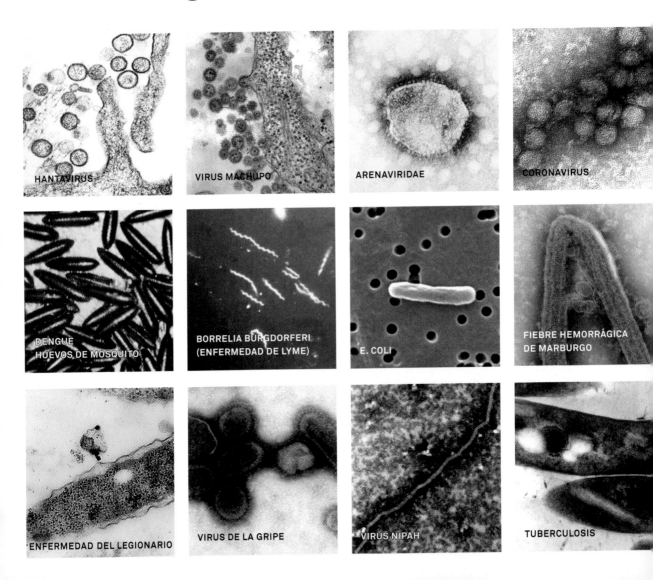

HANTAVIRUS

VIRUS MACHUPO

ARENAVIRIDAE

CORONAVIRUS

DENGUE
HUEVOS DE MOSQUITO

BORRELIA BURGDORFERI
(ENFERMEDAD DE LYME)

E. COLI

FIEBRE HEMORRÁGICA
DE MARBURGO

ENFERMEDAD DEL LEGIONARIO

VIRUS DE LA GRIPE

VIRUS NIPAH

TUBERCULOSIS

n ejemplo es el virus del Nilo Occidental,
ue penetró en EE.UU. en 1999 por la
osta oriental de Maryland y en dos años
ruzó el Misisipi. Dos años después, el
rus del Nilo Occidental se extendió por
do el continente.

FUSIÓN DEL VIRUS DEL NILO OCCIDENTAL EN EE. UU.

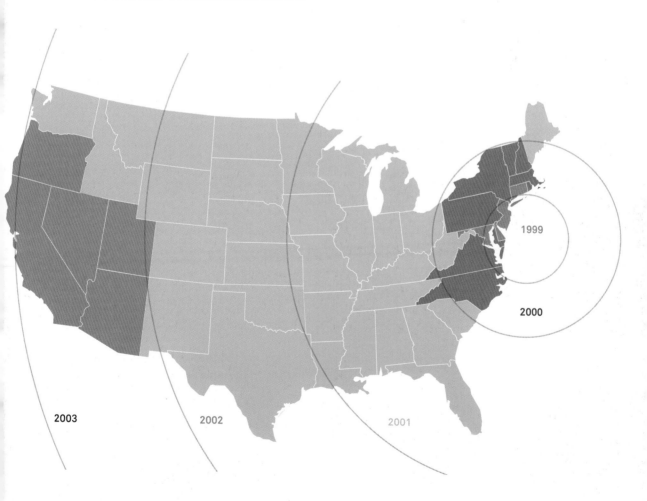

1999

2000

2003

2002

2001

NTE: COMPILADO A PARTIR DE LAS FUENTES CDC, HEALTH CANADA, USGS Y PROMED-MAIL EL 14 DE MAYO DE 2003.

El segundo canario de nuestra mina de carbón –junto con el Ártico– es la Antártida, con mucho la mayor masa de hielo que existe en el planeta.

La Antártida es lo más parecido a otro mundo que podemos experimentar en la Tierra. Es surreal –completa e incesantemente blanca en todas direcciones– y mucho más fría que el Ártico. La enormidad de toda esa nieve enmascara un hecho sorprendente: en realidad, la Antártida es un desierto. Cumple la definición técnica, puesto que recibe menos de 250 milímetros de precipitación anual. Piense en ello: un desierto helado, un oxímoron deshidratado por congelación.

La Antártida es territorio neutral. Está regida por un tratado internacional que impide toda reclamación territorial o actividad militar y reserva todo el continente para proyectos científicos pacíficos, los cuales son llevados a cabo por más de una docena de países. El país con mayor presencia en el continente es EE.UU. –bajo el patrocinio de la Fundación Nacional para la Ciencia–, que también opera en la base antártica Amundsen-Scott, casi en el Polo Sur.

La base principal de operaciones de EE.UU., ubicada en la isla Ross, se halla sobre el borde del continente, donde puede ser aprovisionada por barco durante el verano. La base de la isla está unida al cercano continente por un mar de hielo permanente en el estrecho de McMurdo a sur de Nueva Zelanda, más allá de los mares más bravos del planeta. La mayoría de los visitantes llegan en aviones especialmente configurados que aterrizan en una pista de hielo abierta únicamente durante parte del año. Como un mal presagio, hace sólo unos pocos años, la isla Ross experimentó la primera lluvia de la que allí se tenga registro.

Importantes cantidades de pingüinos, focas y aves habitan las costas de la Antártida y se las arreglan para encontra alimento en el océano. Pero más allá del borde exterior del continente, no hay signos de vida en absoluto, salvo por los pequeños grupos de científicos que habitualmente no se aventuran demasiado lejos o por mucho tiempo de sus recintos climatizados.

ANTÁRTIDA

Puede que no haya auténticos canarios en la Antártida, pero sí hay aves, las más famosas de las cuales son estos pingüinos emperador, que en 2005 protagonizaron el documental *La marcha de los pingüinos*.

Pero un hecho que la película no menciona es que la población de pingüinos emperador ha declinado en una proporción estimada del 70% en los últimos cincuenta años y que los científicos sospechan que la principal causa de ello es el calentamiento global.

LA MARCHA DE LOS PINGÜINOS

Se puede perdonar al público del popular documental *La marcha de los pingüinos* que crea que el máximo desafío que los pingüinos emperadores enfrentan en la Antártida es su hábitat helado. De hecho, una grave amenaza para estos habitantes del continente más austral es que su hogar no estará lo suficientemente helado por mucho más tiempo. Los científicos que estudian el pingüino emperador en la colonia que aparece en la película hallaron que su número había descendido en un 70% desde la década de los sesenta. El posible culpable: el cambio climático global.

En los setenta, las temperaturas del hogar antártico de los pingüinos se elevaron tanto en el aire como en el mar. El océano Antártico experimenta cambios naturales en su clima de una década a la siguiente, pero este cálido conjuro ha continuado prácticamente sin disminuir. Las temperaturas más elevadas y los vientos más intensos producen capas de hielo marino –el agua marina congelada

donde nidifican los pingüinos– más delgadas. Y la probabilidad de que el hielo debilitado se quiebre y flote mar adentro, llevándose con él los huevos y los pichones, es mayor. El pingüino emperador es la única especie de ave que puede sobrevivir exclusivamente en el océano –o sobre él– sin jamás tocar tierra. Pero para que el hielo marino sea lo suficientemente estable como para anidar en él, tiene que estar unido a una masa de tierra.

Los científicos piensan que el calentamiento global es el responsable del aumento de las temperaturas y los cambios en el hielo marino, aunque no pueden estar seguros de ello. El hielo marino ha decrecido solamente en ciertas partes de la Antártida, pero el agua dulce congelada que cubre la mayor parte de la tierra firme –el llamado «hielo terrestre»– está perdiendo espesor en todo el continente. Un estudio reciente de la NASA que utilizaba tecnología de imágenes de satélite ha descubierto que la Antártida está perdiendo su hielo terrestre a un ritmo de

Fotograma de *La marcha de los pingüinos*.
© Jérôme Maison / Bonne Pioche. Una película de Luc Jacquet.
Producida por Producciones Bonne Pioche.

31.000 millones de toneladas de agua por año. Los pingüinos emperador, al igual que otros animales que dependen del hielo marino para procrear y obtener su alimento, son los primeros en recibir el impacto.

MILIA DE PINGÜINOS EMPERADOR,
R DE WEDDELL, ANTÁRTIDA.

John Mercer, un científico cuyo trabajo vi por primera vez cuando investigaba el calentamiento global como miembro del Congreso, dijo en 1978: «Una de las señales de advertencia de que se está produciendo una peligrosa tendencia de calentamiento en la Antártida será la ruptura de las barreras de hielo en ambas costas de la península Antártica, comenzando por las más septentrionales y continuando gradualmente hacia el sur».

A la derecha está la península Antártica. Cada mancha naranja representa una barrera de hielo del tamaño de Rhode Island o aún mayor, que se ha partido desde que Mercer hiciera su advertencia

La mancha roja con la indicación «2002» es la barrera Larsen-B, que aparece en la fotografía de la izquierda que ilustra el enorme tamaño de las barreras de hielo, las cuales se elevan aproximadamente doscientos metros sobre la superficie del mar.

LA BARRERA DE HIELO LARSEN-B, ANTÁRTIDA.

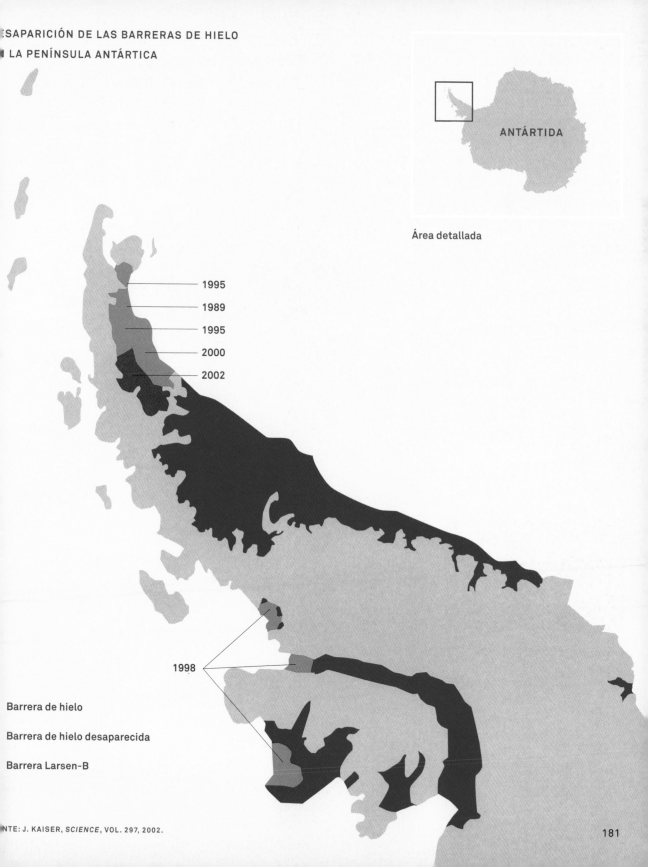

DESAPARICIÓN DE LAS BARRERAS DE HIELO
LA PENÍNSULA ANTÁRTICA

ANTÁRTIDA

Área detallada

1995
1989
1995
2000
2002

1998

Barrera de hielo

Barrera de hielo desaparecida

Barrera Larsen-B

La barrera de hielo Larsen-B, tal como aparece en las fotografías de abajo, tenía aproximadamente 240 kilómetros de largo por 50 kilómetros de ancho.

Cuando se observan las manchas negras de la parte superior, parece que se está viendo el mar que hay debajo, a través del hielo. Pero se trata de una ilusión. En realidad, son lagunas de agua de deshielo que se acumula sobre la superficie de la barrera.

Barrera de hielo Larsen-B

FUENTE: J. KAISER, *SCIENCE*, 20

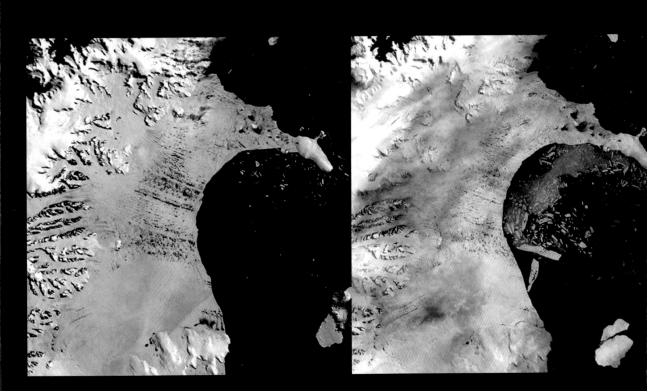

IMAGEN DE SATÉLITE DE LA BARRERA DE HIELO LARSEN-B, 31 DE ENERO DE 2002.

17 DE FEBRERO DE 2002

os científicos pensaban que esta barrera e hielo sería estable durante al menos tros cien años, incluso con el calenta-niento global. Pero a partir del 31 de nero de 2002, la barrera se disgregó com-letamente, en treinta y cinco días. La erdad es que la mayor parte de ella esapareció en el curso de dos días. Los ientíficos estaban totalmente atónitos. lo podían imaginarse cómo había sido osible que eso ocurriera de manera tan ápida. En consecuencia, volvieron a ana-zar por qué sus estimaciones estaban an erradas.

Lo que descubrieron es que habían hecho una suposición incorrecta acerca de esos lagos de agua de deshielo sobre la masa de hielo. Habían pensado que el agua de la descongelación se hundiría nuevamen-te en el hielo y se volvería a congelar. En lugar de ello, como ahora saben muy bien, el agua continúa hundiéndose y hace que la masa de hielo parezca un queso gruyer.

FUENTE: IMÁGENES MODIS, CORTESÍA DEL SATÉLITE TERRA DE LA NASA.

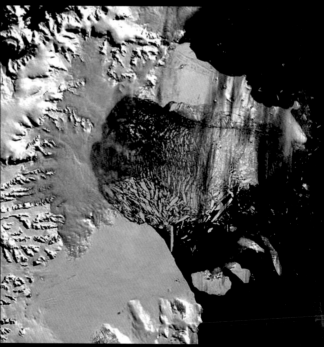

DE FEBRERO DE 2002

5 DE MARZO DE 2002

Una vez que la barrera de hielo sobre el mar hubo desaparecido, la barrera de hielo que estaba sobre la tierra, y que era contenida por la primera, comenzó a deslizarse y a caer al mar. Esto tampoco había sido previsto y tiene importantes consecuencias, porque cuando se derrite o cuando cae al mar, el hielo –ya sea en forma de glaciar de montaña o en forma de barrera de hielo en la Antártida o en Groenlandia– eleva el nivel de los océanos.

Ésta es una de las causas de que los niveles del mar hayan subido en todo el mundo y continuarán haciéndolo si no controlamos rápidamente el calentamiento global.

DESMORONAMIENTO DEL FRENTE DEL GLACIAR YAHTSE, PARQUE NACIONAL DE WRANGELL-ST. ELIAS, ALASKA, 1995.

Muchos residentes de países de las islas bajas del Pacífico ya han tenido que abandonar sus hogares por causa de los mares en ascenso.

El Támesis, que fluye a través de Londres,
es un río de marea. En las últimas décadas, los mayores niveles del mar han
empezado a causar más daños durante
las marejadas producidas por las tormentas, de manera que, hace un cuarto de
siglo, la ciudad construyó estas barricadas que pueden cerrarse como protección.

El gráfico de abajo muestra con cuánta frecuencia ha tenido que utilizar Londres estas barreras en los últimos años. Los datos correspondientes a los años previos a la construcción de las barricadas representan las proyecciones de la ciudad del número de veces que deberían haberse cerrado en esos primeros años. El patrón resultante es parecido a muchos otros que miden el creciente impacto del calentamiento global en todo el mundo.

Pero las subidas de los niveles del mar podrían ser mucho mayores y más rápidas dependiendo de lo que ocurra en la Antártida y en Groenlandia –y de las decisiones que tomemos o dejemos de tomar– en relación con el calentamiento global.

CIERRES ANUALES DE LAS BARRERAS DEL TÁMESIS

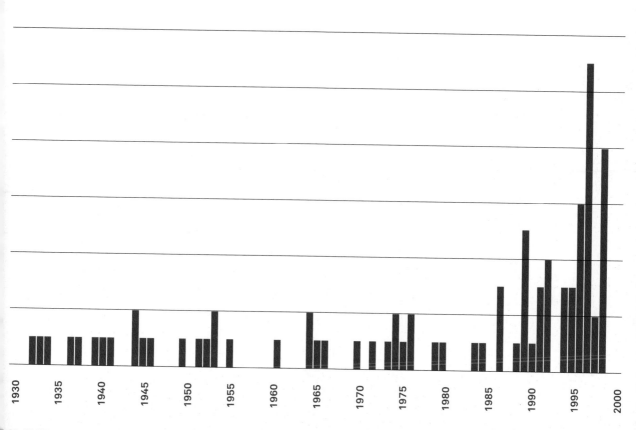

Ahora piénsese en las áreas mucho mayores de hielo de la Antártida y Groenlandia que están en peligro.

La barrera de hielo de la Antártida Oriental es la masa de hielo de mayor tamaño del planeta y se había pensado que todavía estaba creciendo. Sin embargo, dos nuevos estudios de 2006 mostraron que el volumen total de hielo en la Antártida Oriental parece ahora estar disminuyendo y que el 85% de los glaciares de la región parece haber acelerado su flujo hacia el océano. Además, los estudios mostraron que la temperatura del aire sobre esta masa de hielo, según mediciones realizadas en altitud, parece haberse elevado más rápidamente que la temperatura del aire en los demás lugares del mundo. Este hallazgo fue, en realidad, una sorpresa y los científicos todavía no han podido explicar por qué está ocurriendo eso.

La Antártida Oriental todavía se considera mucho más estable durante largos periodos de tiempo que la barrera de hielo de la Antártida Occidental, la cual se apoya en la parte superior de islas. Esta peculiar geología es importante por dos causas: primero, su peso descansa sobre tierra y en consecuencia su masa no ha desplazado agua de mar del modo que una masa de hielo flotante lo haría. Por tanto, si se fundiese o se deslizara desde las islas que la sostienen hacia el mar, elevaría el nivel de los mares en todo el mundo unos seis metros. Segundo, el océano fluye bajo grandes sectores de esta barrera de hielo y a medida que el agua se ha ido calentando, los científicos han registrado cambios estructurales significativos y alarmantes en la cara inferior de la barrera de hielo.

De modo interesante, la barrera de hielo de la Antártida Occidental es prácticamente idéntica en tamaño y masa a la cúpula de hielo de Groenlandia, la cual también elevaría el nivel de los mares de todo el mundo unos seis metros si se fundiese o se disgregara y se deslizara hacia el mar.

BARRERA DE
HIELO ANTÁRTICA
OCCIDENTAL

BARRERA DE HIELO
ANTÁRTICA ORIENTAL

GROENLANDIA

Estas fotografías de Groenlandia ilustran algunos de los grandes cambios que actualmente están teniendo lugar allí, en el hielo. En 2005, volé a Groenlandia y observé por mí mismo las lagunas de agua de deshielo cubriendo grandes extensiones de la superficie del hielo. La fotografía inferior izquierda, tomada recientemente por un amigo mío, el Dr. Jim McCarthy, de la Universidad de Harvard, muestra una de esas áreas. Siempre se ha sabido que estas lagunas existían, pero la diferencia en la actualidad es que hay muchas más de ellas cubriendo un área mucho más extensa del hielo. Esto es importante porque, tal como señala el Dr. McCarthy, se trata exactamente del mismo tipo de nieve fundida que él y otros científicos observaran sobre la barrera de hielo Larsen-B, en el periodo anterior a su repentina y sobrecogedora desaparición.

Se cree ahora que en Groenlandia, al igual que en la península Antártica, esta agua proveniente de la nieve fundida continúa hundiéndose hasta la base, cavando profundas grietas y túneles verticales que los científicos llaman *moulins*.

Cuando el agua llega a la base de la capa de hielo, lubrica la superficie del lecho de roca y desestabiliza la masa helada, lo que hace temer que ésta se deslice más rápidamente hacia el océano.

Abajo se presenta una ilustración de cómo se introduce el agua a través de grietas y *moulins* en el hielo de Groenlandia. A la derecha se presenta un *moulin* auténtico, un gigantesco torrente de agua dulce hundiéndose hasta el lecho de roca que hay debajo del hielo. Para tener una idea de las proporciones, adviértanse los científicos que se hallan en la parte superior de la fotografía.

LAGUNAS DE NIEVE FUNDIDA, GROENLANDIA, 2005.

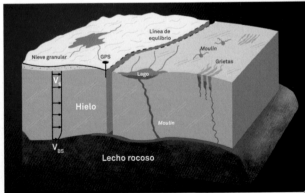

RRENTE DE NIEVE FUNDIDA
YENDO EN CASCADA DE LA
ACA DE HIELO CONTINENTAL
TICA, GROENLANDIA, 2005.

Hasta cierto punto, siempre ha habido un deshielo estacional y se han formado *moulins* en el pasado. Pero esas formaciones de antaño no pueden compararse con las que están teniendo lugar en la actualidad. En los últimos años, el derretimiento se ha acelerado peligrosamente.

En 1992, los científicos midieron esta cantidad de deshielo en Groenlandia, qu se indica en rojo en el mapa.

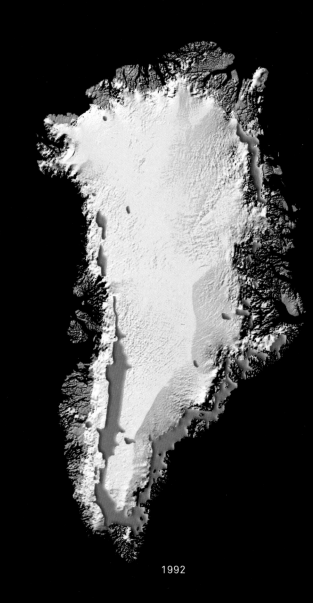

1992

HABRA QUE VOLVER
MAPAS DEL MUNDO.

A DIBUJAR LOS

Esto es lo que le ocurriría a Florida.

Esto es lo que le ocurriría a la bahía de San Francisco.

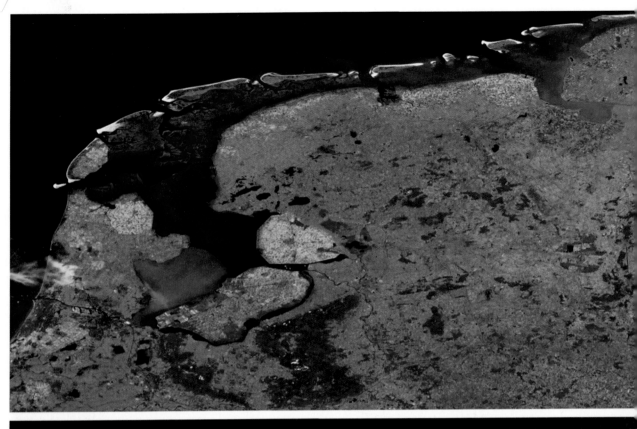

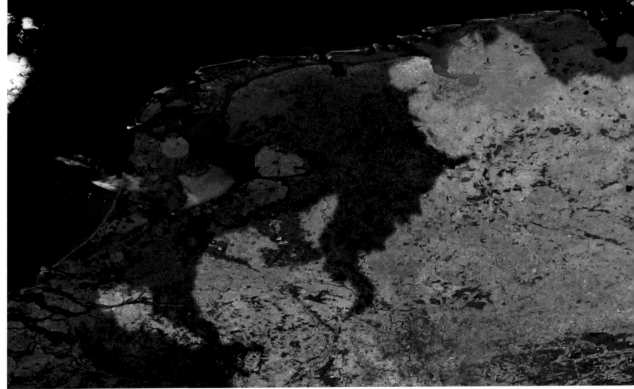

Esto es lo que les ocurriría a los Países Bajos, uno de los países en los que el aumento del nivel del mar sería absolutamente devastador.

Pero los holandeses, quienes tienen una larga experiencia en el trato con el mar, ya han lanzado un concurso entre los arquitectos para diseñar casas flotantes. Una de ellas se muestra en la fotografía de la derecha.

CASAS FLOTANTES, ÁMSTERDAM, PAÍSES BAJOS, 2000.

He aquí lo que le ocurriría a Pekín y sus alrededores. Más de veinte millones de personas tendrían que ser evacuadas.

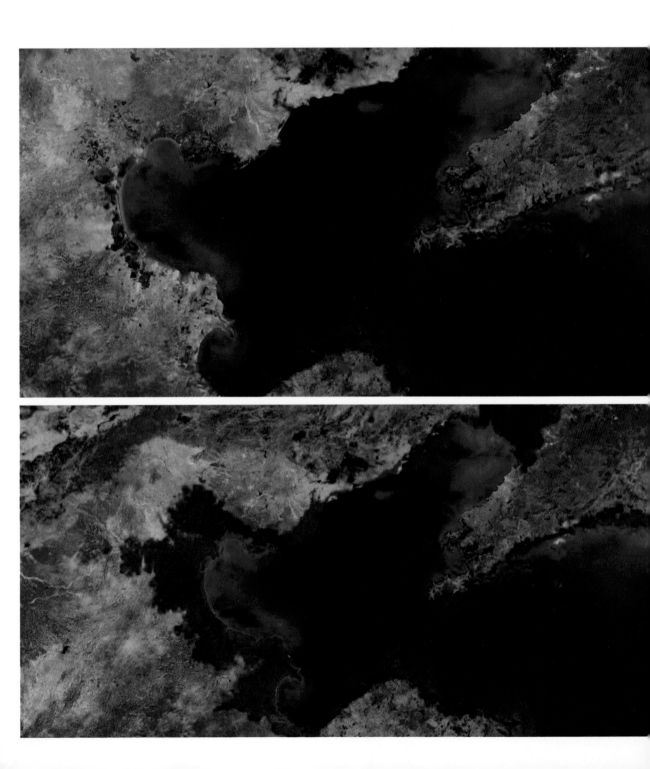

n Shangai y sus alrededores, más de
uarenta millones de personas se verían
orzadas a abandonar sus hogares.

En Calcuta y Bangladesh,
habría sesenta millones
de desplazados.

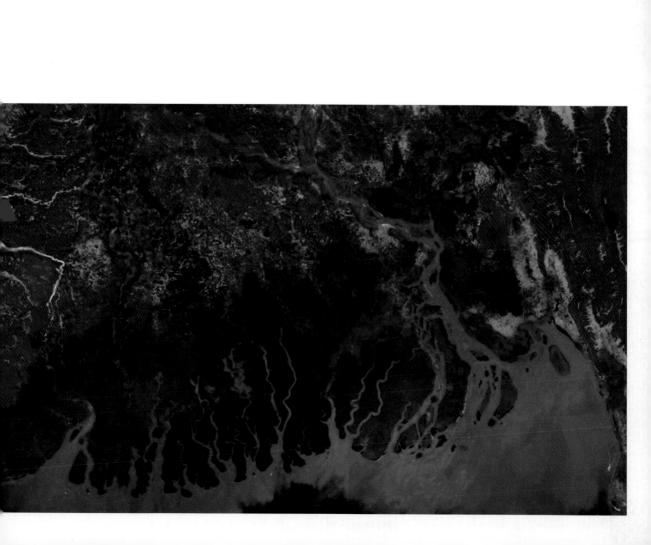

La intención que motivó la realización del World Trade Center Memorial, en Manhattan, es que fuera, entre otras cosas, una expresión de la determinación de EE. UU. de no permitir jamás que alguien volviera a infligir un daño así a ese país.

Pero la imagen de la derecha muestra lo que ocurriría en Manhattan si el nivel del mar se elevara seis metros en todo el mundo. La ubicación del World Trade Center Memorial quedaría bajo las aguas.

WORLD TRADE
CENTER MEMORIAL

¿Deberíamos prepararnos para otras graves amenazas además del terrorismo? Tal vez haya llegado el momento de centrar nuestra atención en otros peligros también.

WORLD TRADE
CENTER MEMORIAL

Al servicio del bien común

La democracia constitucional de EE. UU. todavía tiene el potencial de dar al ciudadano medio la dignidad y la majestad del autogobierno.

Mi padre fue un héroe para mí. Él fue mi referente y yo quería ser como él. Por la misma razón que numerosos muchachos han escogido seguir los pasos de su padre, siendo muy joven yo pensé que el servicio público bien podría ser el camino que yo eligiera para mi carrera, al igual que mi padre.

Albert Gore padre había trabajado ya diez años en el Congreso de EE. UU. en el momento en que yo nací, en 1948. Fue elegido senador cuando yo tenía cuatro años y no abandonó ese cargo hasta que me gradué en la universidad y presté servicio en el Ejército estadounidense, en Vietnam. En total pasó treinta y dos años de su vida en la Cámara de Representantes y en el Senado en conjunto. Era un hombre fuerte y valeroso, con visión e integridad. Siendo joven, yo pensaba: ¿por qué no habría de querer ser como él?

Pero al crecer, pasaron dos cosas. Primero, vi como mi padre era derrotado en su intento de reelección para el Senado

de EE. UU., en 1970, principalmente por causa de su valerosa oposición a la guerra de Vietnam, su apoyo contra la segregación en las escuelas y en el derecho a voto, así como por su insistencia en sostener los principios constitucionales contra el furioso ataque que estaba llevando a cabo la Administración Nixon-Agnew. Segundo, vi transformarse la política en EE. UU.; en ese momento era diferente de aquella que yo había experimentado cuando joven. La propaganda televisiva negativa, por ejemplo, trajo un tono nuevo, repugnante y vil, a la política; ya no tenía el mismo atractivo para mí. Después de prestar servicio en Vietnam como periodista militar, regresé a casa sintiéndome totalmente desconectado de aquel interés por la política que tenía en mi niñez; pensaba que dedicarme a ella sería la última cosa que haría con mi vida. Así que me fui a trabajar como periodista al diario *The Nashville Tennessean.*

Lo que más me impactó fue la palpable excitación que yo sentía al hacer que la democracia funcionara como yo creía que supuestamente debía funciona[r] escuchar a las personas, discutir con ellas sus ideas y luego intentar dar un significado práctico a esas ideas dentro del contexto del proceso legislativ[o]

Pero tras pasar cinco años como periodista, cubriendo asuntos públicos, mi interés hacia el proceso democrático volvió a despertarse. Ver la política de cerca y desde una perspectiva tan diferente y sin compromiso me impulsó a regresar a ella en mis propios términos, con paso lento, pero seguro. Entonces, en 1976, cuando el congresista de mi distrito sorprendió a todo el mundo con su decisión de retirarse, entré de un salto en la carrera electoral y gané, por poco, la votación para el cuarto distrito de Tennessee para el Congreso.

En aquel tiempo, ganar las primarias del Partido Demócrata en Tennessee Central equivalía a ganar las elecciones generales, pues allí había tan pocos votantes republicanos que ni siquiera presentaban un candidato para las elecciones generales. Por lo tanto, tras las primarias de agosto, comencé a trazar mi línea de actuación en el Congreso, aun cuando no juraría como funcionario hasta el siguiente enero. Mi primera acción fue viajar al Laboratorio Nacional de Oak Ridge y pasar varios días inmerso en las más recientes investigaciones sobre energía y medio ambiente. Incluso entonces estos temas ocupaban el primer lugar de mi lista de prioridades. Después, me embarqué en una serie de reuniones (yo las llamaba «reuniones abiertas» y tuve montones de ellas) en los veinticin-

co condados para representar a los cua[les] acababa de ser elegido.

Lo que más me impactó fue la palp[a]ble excitación que yo sentía al hacer q[ue] la democracia funcionara como yo cre[ía] que supuestamente debía funcionar: [es]cuchar a las personas, discutir con el[las] sus ideas y luego intentar dar un sign[ifi]cado práctico a esas ideas dentro d[el] contexto del proceso legislativo. E[sa] excitación era nueva para mí. Se vinc[u]laba con aquel impulso hacia el servi[cio] público de mi niñez, pero iba más a[llá]. Ahora lo sentía mucho más profund[a]mente. Era intenso y real. Era agrada[ble] y me encantaba.

Hay muchísimas razones para el ci[nis]mo sobre el modo en que funciona la [de]mocracia actualmente en EE. UU. y ac[er]ca de algunos de los hombres y muje[res] que se presentan como candidatos y s[on] elegidos funcionarios. Entiendo por [qué] tanta gente está desalentada con resp[ec]to al desempeño del gobierno estadou[ni]dense, especialmente en los últim[os] años.

Pero a pesar de sus aspectos nega[ti]vos, hay algo poderoso y resistente [que] jamás debemos perder de vista: la dem[o]cracia constitucional de EE. UU. toda[vía] tiene el potencial de dar al ciudad[ano] medio la dignidad y la majestad del au[to] gobierno. Según las bien conocidas pa[la]bras de Churchill, todavía se trata de [la] peor forma de gobierno, si exceptua[mos] todas las demás que se han proba[do].

Al con sus padres, celebrando la reelecc[ión] de Al padre para el Congreso de EE. UU[.], Nashville, Tennessee, 1958.

Gore con su esposa y una de sus hijas, anunciando su primera campaña como candidato para el Congreso, Carthage, Tennessee, 1976.

...ndo funciona del modo en que que-...
...a nuestros fundadores, el propio acto
...autogobierno puede producir un in-
...criptible sentimiento de bienestar y
...onía que ningún cínico podrá envile-
...jamás.

...o más importante que he aprendido de
...emocracia estadounidense –primero
...ervando a mi padre, luego gracias a mi
...racción con la gente de mi distrito
...toral y finalmente en el curso de mi tra-
... como senador y vicepresidente– es
...el espíritu de libertad que movió a
...mas Paine, Patrick Henry, nuestros
...adores, y a los auténticos patriotas de
...a generación desde aquellos tiempos,
...siempre presente, esperando el mo-

mento oportuno para que una chispa lo en-
cienda.

Desde que dejé la Casa Blanca, en 2001,
también he aprendido que hay muchas
otras formas de servicio público además
de la de presentarse como candidato y
desempeñar un cargo público. Desde luego, siempre lo he sabido, pero he llegado
a apreciar personalmente la satisfacción
que es posible sentir como un ciudadano
de a pie que intenta que nuestra democracia funcione mejor. Hablar sin tapujos
acerca de los problemas que dividen a
nuestra nación e intentar describir los desafíos que afrontamos y las soluciones
disponibles son formas de servicio público que nuestros fundadores describieron

como algo esencial para la supervivencia
de nuestra democracia. James Madison
escribió que «una ciudadanía bien infor-
mada» constituye el cimiento del sistema
constitucional estadounidense. Supongo
que no esperaba disfrutar prestando servicios como «ciudadano» tanto como lo
hago.

Pero cuando llego tan cerca como soy
capaz de decir una verdad importante tal
como la veo y luego ayudo a conectar esa
verdad con una acción, realmente experimento el mismo sentimiento que tenía
en 1976, cuando viajaba por mi nuevo
distrito en Tennessee Central. Al escribir
este libro, realmente persigo ese sentimiento.

Somos testigos de un choque sin precedentes, gigantesco, entre nuestra civilización y la Tierra.

VERTEDERO EN CIUDAD DE MÉXICO, MÉXICO, 1996.

La relación fundamental entre nuestra civilización y el sistema ecológico de la Tierra se ha visto total y radicalmente transformada a causa de la poderosa convergencia de tres factores.

El primero es la explosión poblacional, que en muchos países se ha convertido en una historia de éxito: las tasas de mortalidad y de natalidad están descendiendo en todo el mundo y las familias, en promedio, se están haciendo más pequeñas. Pero aun cuando estos avances tan deseados han ocurrido a un ritmo mayor del que nadie hubiera anticipado hace unas pocas décadas, la inercia de la población mundial se ha hecho tan poderosa que la «explosión» todavía continúa transformando nuestra relación con el planeta.

Si se observa el crecimiento poblacional en su contexto histórico, es obvio que los últimos doscientos años representan una ruptura con el patrón que ha prevalecido durante muchos de los miles de años que los humanos han habitado la superficie de la Tierra. Desde el momento en que los científicos afirman que apareció nuestra especie, entre 160.000 y 190.000 años atrás, hasta los tiempos de Cristo y Julio César, la población humana había alcanzado los 250 millones de personas. Hacia los tiempos del nacimiento de EE. UU., en 1776, esta población había llegado a 1.000 millones de personas. Cuando nació la generación del *baby boom*, de la cual formo parte, a finales de la Segunda Guerra Mundial, la población mundial había superado los 2.000 millones. En la época de mi adultez, he visto cómo los números llegaban a los 6.500 millones. Mi generación verá la población del mundo alcanzar los 9.000 millones de personas.

Lo que quiero decir, tal como lo ilustra el gráfico inferior, es sencillo y poderoso: le llevó más de 10.000 generaciones a la población humana alcanzar los 2.000 millones de personas. Luego, el crecimiento se disparó de 2.000 millones a 9.000 millones en el transcurso de sólo una vida: la nuestra. Tenemos la obligación moral de tener en cuenta este dramático cambio en la relación entre nuestra especie y el planeta.

CRECIMIENTO POBLACIONAL A TRAVÉS DE LA HISTORIA

Primeros humanos modernos

| 160.000 a.C. | 100.000 a.C. | 10.000 a.C. | 7000 a.C. | 6000 a.C. | 5000 a.C. | 4000 a.C. |

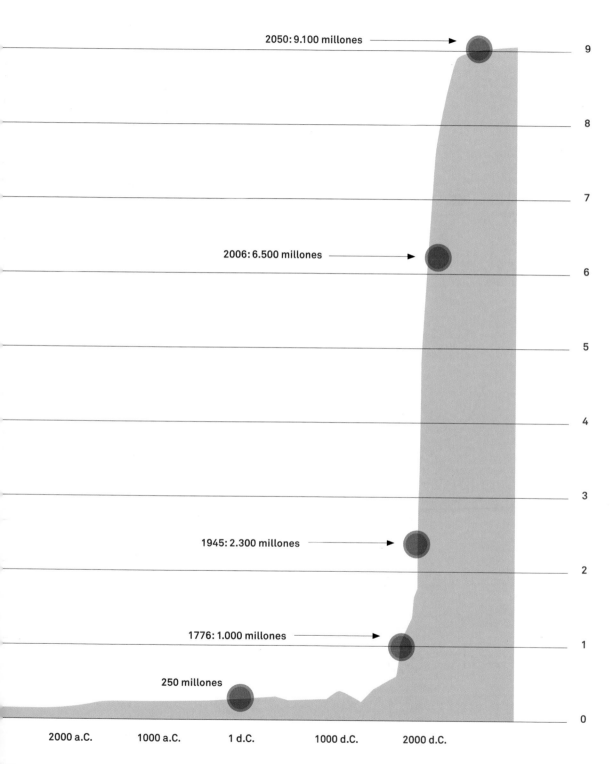

2050: 9.100 millones

2006: 6.500 millones

Miles de millones de personas

1945: 2.300 millones

1776: 1.000 millones

250 millones

2000 a.C.　　1000 a.C.　　1 d.C.　　1000 d.C.　　2000 d.C.

9
8
7
6
5
4
3
2
1
0

ENTE: NACIONES UNIDAS

La mayor parte del crecimiento poblacional se da en países en desarrollo, donde se concentra la mayoría de la pobreza.

DISTRITO DE SHINJUKU, EN TOKIO, JAPÓN, 1996.

Y la mayor parte del crecimiento tiene lugar en las ciudades.

Este rápido aumento poblacional impulsa una mayor demanda de alimento, agua y energía, así como de todos los recursos naturales. A la vez, impone una enorme presión sobre áreas vulnerables tales como las selvas tropicales.

TALA DE ÁRBOLES, BOSQUE NACIONAL DE TAPAJOS, BRASIL, 2004.

TOCONES Y RAMAS CORTADA
TRAS LA TALA, CERCA DE FO
ESTADO DE WASHINGTON, 19

El modo en que tratamos
los bosques es una cuestión
política.

HAITÍ

Ésta es la frontera entre Haití y la República Dominicana. Haití tiene un conjunto de políticas; la República Dominicana otro.

REPÚBLICA DOMINICANA

El Amazonas está sufriendo una particular devastación. Aquí hay dos imágenes tomadas desde satélites de la región de Rondônia, en Brasil, tomadas con una diferencia de veintiséis años.

RONDÔNIA, BRASIL, 1975.

RONDÔNIA, 2001.

Gran parte de la destrucción de los bosques proviene de la quema. Casi el 30% del CO_2 que se libera a la atmósfera cada año es producido por la quema de matorrales para la agricultura de subsistencia y por el consumo de leña para cocinar.

PEÓN DE UNA GRANJA QUEMANDO
UNA PORCIÓN DE SELVA PARA LA CRÍA
DE GANADO, RONDÔNIA, BRASIL, 1988.

os incendios se están haciendo cada vez
ás comunes, a medida que las tempera-
ras más elevadas resecan el suelo y las
jas. Por añadidura, el aire más cálido
roduce más rayos. El gráfico de abajo
uestra el constante incremento de
andes incendios en América del Norte y
l Sur, en las últimas cinco décadas; el
ismo patrón puede observarse en los
stantes continentes.

MERO DE GRANDES INCENDIOS EN AMÉRICA, POR DÉCADAS

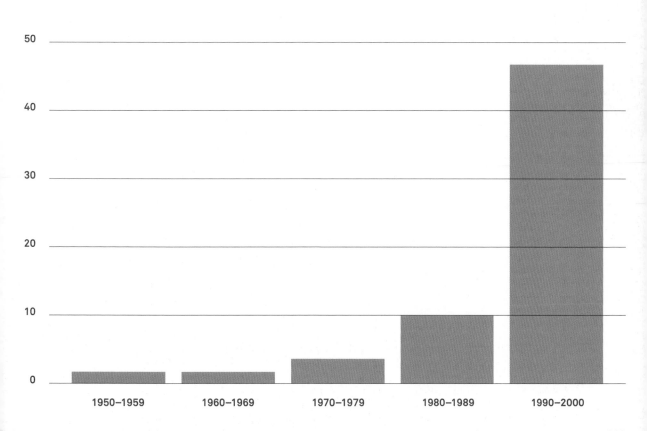

Ésta es una imagen nocturna del mundo, obtenida en un lapso de seis meses por un satélite del Departamento de Defensa de EE.UU. Las luces de las ciudades se indican en blanco. Las luces azules indican las enormes flotas pesqueras activas durante la noche, particularmente en Asia y la Patagonia. Las regiones coloreadas en rojo son aquellas en las que había fuego.

África se distingue en parte por el predominio de los hogares para cocinar. Las áreas amarillas son las llamas de gas de los campos petrolíferos. Los campos petrolíferos siberianos resultan mayores que los del golfo Pérsico porque en éste, actualmente, la proporción de gas capturado es mayor que la de gas quemado.

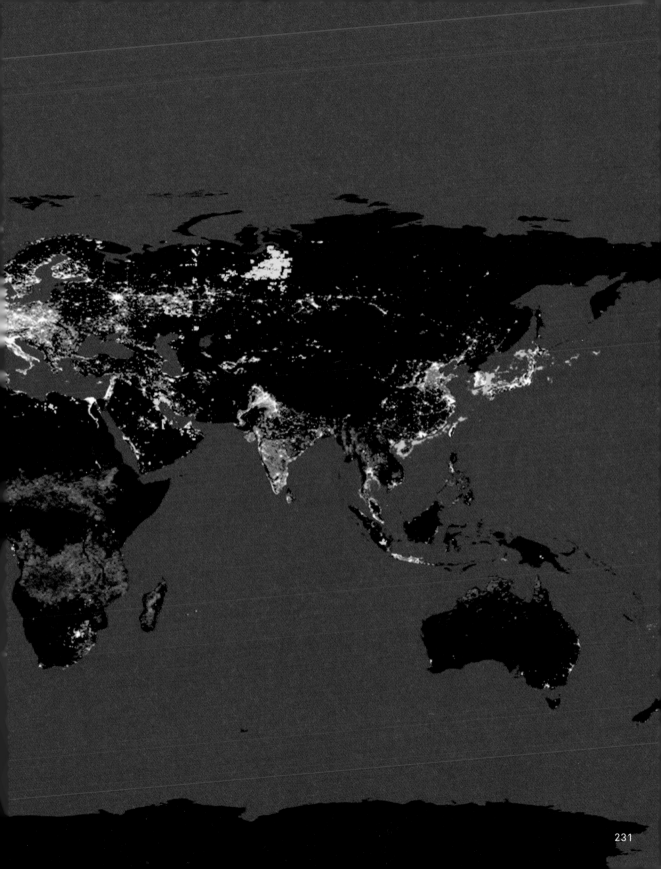

Y esto me lleva al segundo factor que ha transformado nuestra relación con la Tierra: la revolución científica y tecnológica.

Los nuevos desarrollos de la ciencia y la tecnología nos han traído fabulosos progresos en áreas como la medicina y las comunicaciones, entre muchas otras. Pero junto con todas las ventajas que hemos obtenido de nuestras nuevas tecnologías, también hemos visto llegar muchos efectos secundarios no previstos.

El nuevo poder que tenemos a nuestra disposición no siempre ha estado acompañado de una nueva prudencia acerca del modo en que debemos usarlo, en particular cuando ejercemos nuestro poder incrementado tecnológicamente en la irreflexiva realización de viejos hábitos, los cuales son, después de todo, difíciles de modificar.

Las sencillas fórmulas de abajo pretenden ilustrar lo que puede ocurrir cuando las nuevas tecnologías, enormemente más poderosas que las antiguas, magnifican las consecuencias de hacer las mismas cosas como de costumbre, sin anticipar que habrá consecuencias completamente nuevas.

$$\begin{matrix} \text{Viejos} \\ \text{hábitos} \\ + \\ \text{Antiguas} \\ \text{tecnologías} \end{matrix} = \begin{matrix} \text{Consecuencias} \\ \text{predecibles} \end{matrix}$$

OBSERVATORIO RADIOASTRONÓMICO,
SOCORRO, NUEVO MÉXICO.

Viejos
hábitos

+

Antiguas
tecnologías

=

Consecuencias
grandemente
modificadas

He aquí un ejemplo de cómo funcionan estas fórmulas.

La guerra es un hábito antiguo. Las consecuencias de la guerra con la tecnología de las lanzas y las espadas –o arcos y flechas, o mosquetes y rifles– eran horribles, pero predecibles.

En 1945, sin embargo, la nueva tecnología de armas nucleares modificó completamente la ecuación.

Como resultado, hemos intentado reconsiderar y cambiar el antiguo hábito que llamamos guerra. Si bien hemos hecho algunos avances –tuvimos una Guerra Fría, en lugar de una guerra nuclear total todavía queda mucho por hacer.

SUPERIOR: VASIJA QUE REPRESENTA UNA BATALLA HOPLITA, C. 600 A.C.
INFERIOR: PINTURA DE LA BATALLA DE CHIPPEWA, 1812.

SUPERIOR: PINTURA DE UNA BATALLA DE LAS CRUZADAS, C. 1250.
INFERIOR: SOLDADOS ALEMANES EN LA PRIMERA GUERRA MUNDIAL, 1914.

DETONACIÓN DE PRUEBA DE UNA
BOMBA NUCLEAR, NEVADA, 1957.

235

De manera parecida, siempre hemos explotado la Tierra para obtener nuestro sustento, utilizando tecnologías relativamente simples, tales como el arado, la irrigación y la excavación, durante la mayor parte de nuestra historia. Pero en la actualidad, incluso estas tecnologías sencillas se han vuelto mucho más poderosas.

GRANJERO ARANDO UN CAMPO, PATTANI, TAILANDIA, 1966.

RANJERO SEGANDO HENO,
WA, 2000.

Ahora poseemos una capacidad mucho mayor de transformar la superficie del planeta. De la misma manera, toda actividad humana se realiza actualmente con instrumentos mucho más poderosos, los cuales a menudo acarrean consecuencias imprevistas.

MINA DE COBRE A CIELO
ABIERTO, CANNEA, MÉXICO,

239

El riego ha hecho milagros para la humanidad. Pero ahora tenemos el poder de desviar ríos gigantescos según nuestros designios, en lugar de los de la naturaleza.

En ocasiones, cuando desviamos una cantidad excesiva de agua sin prestar atención a la naturaleza, los ríos ya no llegan al mar.

VISTA CORRIENTE ARRIBA DESDE LA ATALAYA HITE, RÍO COLORADO, ARIZONA, 2002.

STA CORRIENTE ARRIBA
ESDE LA ATALAYA HITE, RÍO
LORADO, ARIZONA, 2003.

La ex Unión Soviética desvió la corriente de dos poderosos ríos de Asia Central que alimentaban el Mar de Aral, el Amu Daria y el Sir Daria. Ambos ríos fueron utilizados para irrigar cultivos de algodón.

Cuando visité el lugar, hace algunos años, me encontré con un extraño paisaje: una enorme flota pesquera varada en la arena y sin agua a la vista. Esta fotografía muestra parte de esa flota y el canal que la industria pesquera intentó cavar en un desesperado esfuerzo por alcanzar la línea costera en retirada.

BARCOS PESQUEROS VARADOS,
MAR DE ARAL, KAZAJISTÁN, 1990.

Todo el Mar de Aral prácticamente ha desaparecido.

La parábola del Mar de Aral contiene un mensaje sencillo: ahora, los errores que cometemos en nuestro trato con la Madre Naturaleza pueden tener consecuencias no deseadas significativamente mayores, puesto que muchas de nuestras nuevas tecnologías nos confieren un nuevo poder sin que ello nos otorgue de manera automática una nueva sabiduría.

En efecto, tal como ilustra esta imagen, algunas de nuestras nuevas tecnologías superan la escala humana.

PLANTA ELÉCTRICA A CARBÓN,
FERRYBRIDGE, INGLATERRA.

IMAGEN DE SATÉLITE COMPUESTA
DE LA TIERRA DE NOCHE, 1994-1995.

Nuestras nuevas tecnologías, combinadas
con nuestro número, nos han convertido,
si se nos considera colectivamente, en
una fuerza de la naturaleza.

Y quienes poseen las mejores tecnologías tienen la mayor obligación moral de utilizarlas con prudencia. Y ésta, también, es una cuestión política. La política es importante.

Como puede apreciarse en esta represen-tación gráfica de la contribución relativa de todos los países al calentamiento global, EE.UU. es responsable de la emi-sión de más gases invernadero que Amé-rica del Sur, África, Oriente Próximo, Aus-tralia, Japón y Asia, todos juntos.

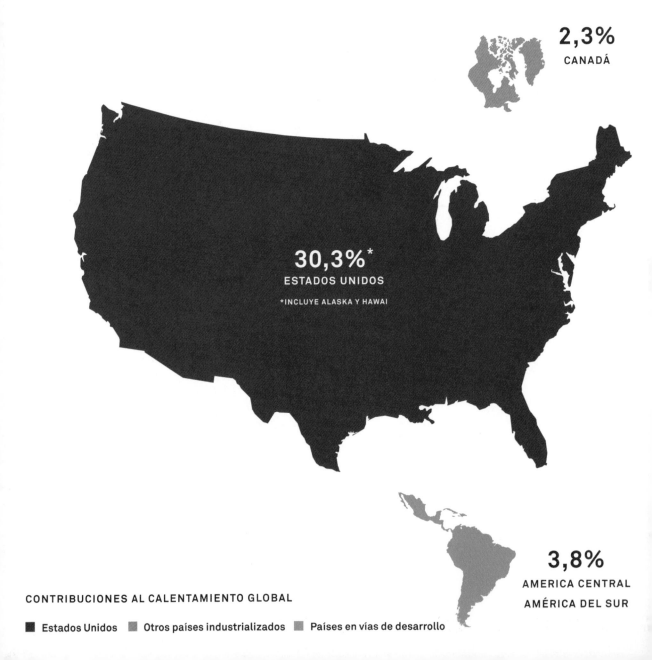

2,3%
CANADÁ

30,3%*
ESTADOS UNIDOS
*INCLUYE ALASKA Y HAWAI

3,8%
AMERICA CENTRAL
AMÉRICA DEL SUR

CONTRIBUCIONES AL CALENTAMIENTO GLOBAL

■ Estados Unidos ■ Otros países industrializados ■ Países en vías de desarrollo

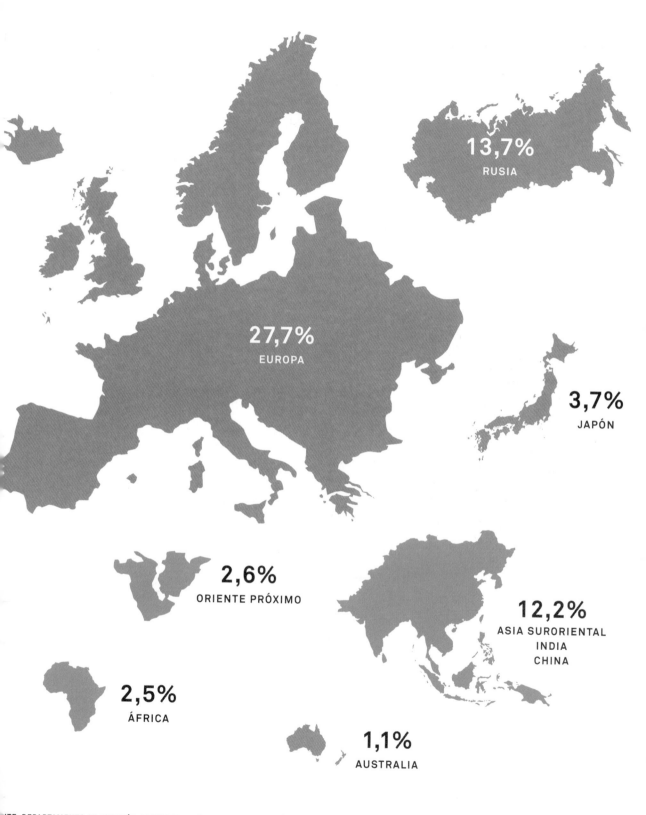

13,7%
RUSIA

27,7%
EUROPA

3,7%
JAPÓN

2,6%
ORIENTE PRÓXIMO

12,2%
ASIA SURORIENTAL
INDIA
CHINA

2,5%
ÁFRICA

1,1%
AUSTRALIA

Si se comparan las emisiones de dióxido de carbono per cápita de China, India, África, Japón, la Unión Europea y Rusia con las de EE.UU., es obvio, tal como muestra el gráfico superior de la derecha, que estamos muy, pero que muy por encima de todos los demás.

Desde luego, el tamaño poblacional debe ser incluido en los cálculos. Y cuando se lo incluye, tal como se ilustra en el gráfico inferior de la derecha, el papel de China aparece como un factor mucho mayor (y creciente). Lo mismo vale para Europa. Pero EE.UU. sigue estando por encima de los demás.

EL MERCADO DE INTERCAMBIO DE DIÓXIDO DE CARBONO

Cuando la lluvia ácida caía en todo EE.UU. –en particular en el noreste– allá por los años ochenta del siglo pasado, un innovador programa ayudó a limpiar la precipitación contaminada. Con apoyo bipartito, el Congreso puso en funcionamiento un sistema de compra y venta de emisiones de dióxido de azufre (SO_2), el principal culpable de la lluvia ácida. Llamado sistema de *cap and trade*, el mercado de emisiones utilizaba el poder de las fuerzas del mercado para contribuir a reducir drásticamente las emisiones de SO_2, a la vez que permitió a las empresas pioneras que se beneficiaran de la gestión ambiental.

Un enfoque similar podría hacer más rápida la reducción de las emisiones de CO_2. La Unión Europea ha adoptado esta innovación estadounidense y la está haciendo funcionar de manera eficaz. Aquí, en casa, en tanto que el Congreso no ha aprobado todavía un sistema de *cap and trade* federal para las emisiones de dióxido de carbono, ya hay un eficaz mercado de dióxido de carbono privado en funcionamiento. La Bolsa Climática de Chicago [Chicago Climate Exchange, CCX] es un mercado en desarrollo que se basa en la sencilla premisa de que reducir las emisiones de dióxido de carbono es algo valioso, no sólo como objetivo idealista, sino como algo que vale dinero. Con empresas líderes tales como Ford, Rolls-Royce, IBM y Motorola comprometiéndose con este experimento, está claro que algunas de las principales compañías han visto la necesidad de prestar atención al cambio climático global y están pensando desde nuevas perspectivas las maneras de hacerlo. Una de las metas de la CCX es descubrir cuál es el mejor modo de administrar un mercado de dióxido de carbono, de forma tal que cuando nuestro gobierno desarrolle un programa de *cap and trade* nacional (como muchos esperan que ocurra en su momento), los fallos del sistema ya hayan sido solucionados.

En este momento, los miembros de la CCX se unen a él voluntariamente, comprometiéndose a reducir sus emisiones de gases invernadero (los objetivos incluyen seis de esos gases). Una vez que las emisiones de los miembros han sido convertidas en créditos comerciables, la CCX funciona como cualquier mercado financiero. Si los participantes reducen sus emisiones por debajo de lo indicado por sus objetivos, pueden vender sus créditos de dióxido de carbono en el intercambio. Si no consiguen reducir sus emisiones, deben comprar créditos a los demás.

El valor del dióxido de carbono depende de cuántas compañías estén comprando en lugar de vendiendo. Por ahora, puesto que la mayoría de las empresas están vendiendo créditos de emisiones (porque han sobrepasado sus objetivos de reducción) el precio del dióxido de carbono es bajo. En Europa, sin embargo, donde el mercado del dióxido de carbono está mucho más desarrollado, este elemento tiene un valor de mercado muy superior. Los precios del dióxido de carbono en los mercados europeos son más elevados porque las autorizaciones para emitir son otorgadas por el gobierno.

También hay un movimiento en esta dirección en otras partes del mundo. En Canadá, la Bolsa de Bienes de Montreal (Montreal Commodity Exchange) y, en la India, la Bolsa de Bienes de Bombay (Mumbay Commodity Exchange), por mencionar dos, están en proceso de lanzar nuevas bolsas de dióxido de carbono. Éstos son alentadores avances que mueven el mundo hacia la visión definitiva de un mercado de dióxido de carbono global cerrado que vincule las capacidades de todas las bolsas en un único sistema.

En el ámbito estatal de EE.UU., se ha progresado en el establecimiento del comercio de emisiones obligatorio, lo que incluye la Iniciativa Regional para los Gases Invernadero (Regional Greenhouse Gas Initiative) de los estados del noreste y la inminente legislación de California. Por el momento, sin embargo, la verdadera acción está teniendo lugar en la iniciativa privada CCX.

Para muchas empresas que ya se han comprometido, la participación es un modo de obtener una experiencia previa en este tipo de mercado. También se trata de un buen incentivo para embarcarse en proyectos de reducción de las emisiones. Para DuPont, uno de los socios fundadores de la CCX, uno de los beneficios clave es la oportunidad de modelar reglas y procedimientos para el sistema de intercambio. Durante su participación, la compañía ha estado haciendo cambios para reducir sus emisiones a través del incremento de su eficiencia en el uso de la energía en sus instalaciones y mediante la disminución de las emisiones de gases invernadero en los procesos de fabricación.

En la CCX pueden ingresar organizaciones de todo tipo. Actualmente, los miembros incluyen ONG tales como el Instituto para los Recursos del Mundo (World Resources Institute), municipios como la ciudad de Oakland, en California, y universidades como la Universidad de Oklahoma.

La CCX está liderando el camino hacia un futuro en el que las reducciones de los gases invernadero no solo redundarán en beneficios ambientales, sino también financieros.

ISIONES DE DIÓXIDO DE CARBONO POR PERSONA

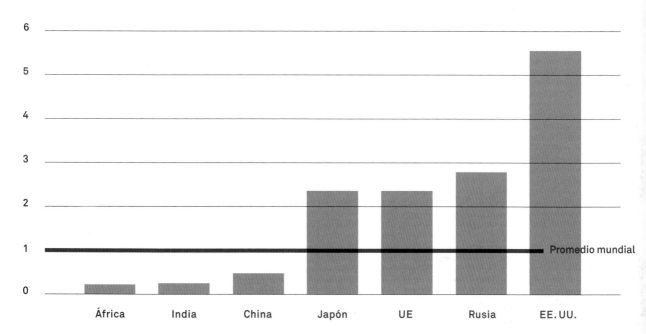

ISIONES DE DIÓXIDO DE CARBONO POR PAÍS/REGIÓN

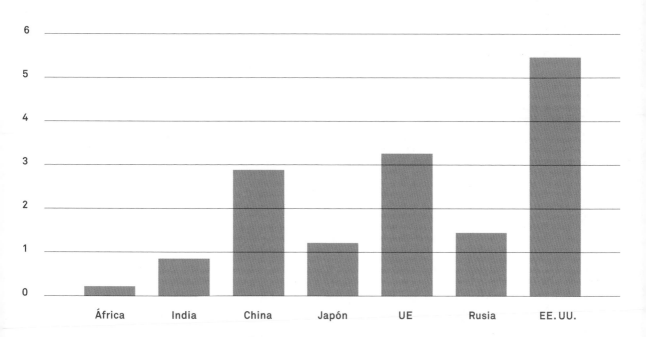

NTE: INSTITUTO PARA LOS RECURSOS DEL MUNDO.
NTE DE LOS DATOS SUBYACENTES: DEPARTAMENTO DE ENERGÍA, ADMINISTRACIÓN DE LA INFORMACIÓN SOBRE LA ENERGÍA,
ARIO INTERNACIONAL DE LA ENERGÍA 1999 (EE. UU.).
A: MUESTRA EMISIONES DE DIÓXIDO DE CARBONO ASOCIADAS A LA COMBUSTIÓN DE COMBUSTIBLE FÓSIL.

El tercer y último factor que causa el choque entre la humanidad y la naturaleza es a la vez el más sutil y el más importante: nuestra forma básica de pensar acerca de la crisis climática.

Y el primer problema del modo en que pensamos acerca de la crisis climática es que parece más fácil no pensar en ella. Una de las causas de que esta crisis no llame constantemente nuestra atención puede ejemplificarse por medio de la clásica historia de un viejo experimento científico en el cual una rana salta a un recipiente de agua hirviendo e inmediatamente salta fuera de él porque reconoce de manera instantánea el peligro. Si se halla en un recipiente de agua tibia que se va calentando lentamente hasta que hierva, la rana permanecerá en el agua –a pesar del peligro– hasta... ser rescatada.

(Solía contar esta historia acerca de la rana con un final diferente: «hasta quedar hervida». Pero después de docenas de presentaciones en las que al menos un angustiado asistente se me acercara para manifestarme su preocupación por el destino de la rana, finalmente he aprendido la importancia de realizar es rescate.)

LA NEGACIÓN NO ES OPERACIÓN LÓGICA*

Pero, desde luego, el quid de esta historia es que nuestro «sistema nervioso» colectivo, a través del cual reconocemos un inminente peligro para nuestra supervivencia, es semejante al de la rana. Si experimentamos un cambio importante en nuestras circunstancias, pero ello ocurre de manera lenta y gradual, somos capaces de quedarnos inmóviles y no reconocer la gravedad de lo que nos está sucediendo, hasta que sea demasiado tarde. En ocasiones, como la rana, sólo reaccionamos antes una sacudida repentina, un cambio apreciable y rápido en nuestra situación, que dispara nuestras alarmas.

El calentamiento global puede parecer gradual en el contexto del lapso de una única vida, pero en realidad, en el contexto de la historia de la Tierra, está ocurriendo con la celeridad del rayo. Actualmente, su ritmo se está acelerando con tanta rapidez que incluso en el lapso de nuestras propias vidas estamos comenzando a ver las reveladoras burbujas del recipiente en ebullición.

También, claro, somos diferentes de la rana. No tenemos que esperar al punto de ebullición para comprender el peligro en el que nos encontramos; y tenemos la capacidad de rescatarnos a nosotros mismos.

SÓLO UNA

* LA ORACIÓN DEL ORIGINAL, *DENIAL AIN'T JUST A RIVER IN EGYPT*, DE MARK TWAIN, ES UN JUEGO DE PALABRAS DIFÍCIL DE TRASLADAR AL CASTELLANO. LA TRADUCCIÓN LITERAL ES «LA NEGACIÓN NO ES SÓLO UN RÍO DE EGIPTO», Y EL JUEGO SE DA ENTRE EL TÉRMINO INGLÉS PARA NEGACIÓN, *DENIAL*, Y EL NOMBRE DEL RÍO NILO EN ESE MISMO IDIOMA, *THE NILE*, A CAUSA DE LA SEMEJANZA ENTRE AMBAS PRONUNCIACIONES. *(N. DEL T.)*

Mi hermana

———◆◆———

¿Cómo describiré a mi hermana? Era luminosa. Carismática. Vigorosa. Sagaz. Divertida. Increíblemente lista. Y amable.

Cuando yo era pequeño, a pesar de nuestra diferencia de diez años de edad, ella era mi compañera de juegos y también mi protectora. Éramos solo dos niños y ya constituíamos nuestro propio equipo. Ya fuera que estuviésemos correteando por los pasillos del hotel Fairfax o zambulléndonos en el río Caney Fork, en Carthage, Tennessee, ella me conocía como nadie.

Los dos amábamos el lago Center Hill, cerca de nuestra granja de Carthage. Allí me enseñó a hacer esquí acuático. A menudo íbamos río arriba en canoa y teníamos largas conversaciones mientras remábamos. Le encantaba cazar patos y se reía de que la gente pensara que era poco habitual que una chica cazara patos. Nancy disfrutaba abriendo nuevos caminos.

Más tarde, ya con veintitantos años, Nancy fue una de las dos primeras voluntarias para el Cuerpo de Paz y trabajó para Bill Moyers y el sargento Shriver en la apertura de la oficina de Washington, ayudando en la iniciación de todo ese proyecto. Siempre he estado orgulloso de su instinto para encontrar tareas que mejoraran de manera directa la vida de la gente.

Nancy me alentaba constantemente y durante mi primera campaña como candidato al Congreso se trasladó desde su hogar, en Misisipi, para pasar unos meses en el condado más difícil del distrito. Debo mi victoria en aquella campaña a ella, en gran medida. Nancy era fantástica convenciendo a la gente para que votara por su hermanito. Era feroz en mi defensa, incansable en mi promoción y también la crítica más imparcial, cuando yo lo necesitaba.

Nancy tenía un don especial, pero también había en ella un destello rebelde. El que fumara es sólo un ejemplo. Comenzó a los trece años y nunca lo abandonó. Intentó dejarlo, pero el cigarrillo ya la había atrapado. Desde entonces, los científicos han aprendido que la nicotina del tabaco puede ser más adictiva que la heroína. Y sus estudios muestran ahora que los chicos que comienzan a fumar al inicio de la adolescencia –o antes– son, con mucho, los que más difícil lo tienen a la hora de intentar dejarlo.

Durante la década de 1960, incluso después de que el informe del director del Servicio de Salud Pública dejara muy claro que fumar podía causar cáncer de pulmón, las compañías tabacaleras incrementaban su esfuerzo para alentar a los estadounidenses a no creer en la ciencia, a dudar que hubiera alguna verdadera razón para preocuparse. Y muchas personas que, de otro modo, podrían haber comprendido cabalmente la terrible verdad acerca del cigarrillo y la salud, fueron tentadas por los cantos de sire[n] y lo tomaron menos seriamente de lo q[ue] debían. Después de todo, si todavía h[a]bía tales debates, entonces, tal vez [la] sentencia no era definitiva. De ese mo[do,] durante los casi cuarenta años posterio[o]res al informe del director del Servicio [de] Salud Pública –que relacionaba el hábi[to] de fumar con el cáncer de pulmón, el e[n]fisema y otras enfermedades en EE. UU[.] y que marcó un hito– murieron por ca[u]sas asociadas al cigarrillo más estado[u]nidenses que los que perecieron en [la] Segunda Guerra Mundial.

La estrategia astuta y engañosa q[ue] las compañías tabacaleras usaron pa[ra] confundir a la gente acerca de lo que [la] ciencia había probado o se añadió a [un] modelo que muchas compañías petrol[e]ras y carboneras todavía utilizan hoy [en] su campaña para confundir a la gen[te] acerca de qué es lo que nos está dicie[n]do realmente la ciencia del calentamie[n]to global. Estas empresas exageran l[as] pequeñas incertidumbres con el fin [de] hacernos creer que las grandes concl[u]siones no son fruto del consenso.

En la actualidad, si se les pide a l[os] médicos y a los científicos que describ[an] con todo detalle el proceso exacto por [el] cual fumar cigarrillos lleva al cáncer p[ul]monar, ellos ofrecerán un panorama g[e]neral y afirmarán con certeza que allí h[ay] un mortal vínculo causal. Pero si se [les] presiona lo suficiente acerca de algú[n]

Nancy Gore Hunger, Nashville, Tennessee, 1964.

detalles menores, pronto se hallará un punto en el que tendrán que decir: «Bueno, no sabemos exactamente cómo funciona ese aspecto en particular».

Con todo, el hecho de que algunos detalles importantes todavía no se comprendan completamente en nada cambia la realidad del problema. Es algo cínico y erróneo utilizar estas engañosas advertencias para convencer a la gente de que la relación entre el cigarrillo y el cáncer es una gran mentira. Y así como era inmoral que las compañías tabacaleras utilizaran esa táctica después de mediados de los sesenta, también es inmoral ahora que las compañías petroleras y productoras de carbón hagan lo mismo en lo que se refiere al calentamiento global.

Nancy era hermosa, vibrante y fuerte. Pero el cáncer de pulmón demostró ser un adversario demasiado cruel. Cuando tuve las primeras noticias de su diagnóstico, en 1983, corrí inmediatamente el Instituto Nacional de Salud y hablé con los oncólogos más prestigiosos acerca de la particular forma de cáncer pulmonar de Nancy, en un intento de aprender cuál era la mejor manera de tratarlo. Algunos amigos han sugerido que ése era un mecanismo de defensa y que el político empollón que había en mí se había refugiado en los hechos y los datos. La verdad es que solamente deseaba salvarla.

De hecho, hice lo que hacen millones de estadounidenses que se enfrentan a la pérdida de un ser querido, cada día en este país: acudí a la medicina en busca

de un milagro. Hoy en día, afortunadamente, se cura un número mayor de pacientes de cáncer, aunque el cáncer de pulmón sigue siendo uno de los tipos más difíciles de vencer. Y la enfermedad de Nancy atacó hace veinte años, cuando aún no teníamos el arsenal médico que tenemos ahora.

Los cirujanos extrajeron a Nancy uno de sus pulmones y parte del otro. Después, tuvo que esperar varios meses para saber si la intervención había tenido éxito. No lo había tenido.

Créanme, el cáncer de pulmón no es algo de lo que querrían morir. A menudo la víctima realmente se ahoga a causa de los fluidos que continuamente se producen en los pulmones una vez que la patología supera los procesos curativos naturales del cuerpo. El sufrimiento puede ser inenarrable.

Me encontraba en medio de mi primera campaña como candidato para el Senado de EE.UU., el 11 de julio de 1984, cuando mi padre me llamó para comunicarme que Nancy nos abandonaba. Me apresuré a llegar junto a su lecho. Mi madre y mi padre ya estaban en la habitación, junto con Tipper y, por supuesto, Frank Hunger, el amado esposo de Nancy.

Hacía tiempo que el dolor de Nancy había alcanzado tales niveles que le administraban grandes dosis de morfina y otros analgésicos, los cuales inevitablemente afectaban su conciencia. Antes de que yo llegara, había estado en lo que los demás miembros de la familia describieron como

una niebla producida por los analgésicos, con los ojos vidriosos y desenfocados. Pero en el instante en que entré y ella oyó mi voz, Nancy volvió su cabeza hacia mí, salió de la niebla por completo, enfocando intensamente sus ojos en mí. Jamás olvidaré ese momento. Otra vez éramos nosotros dos: un hermano y una hermana que podían comunicarse sin palabras. Y yo imaginé —en realidad no pienso que estuviese imaginando, sino que la «oía» claramente— una poderosa, aunque muda pregunta: «¿Traes alguna esperanza?».

La miré a los ojos y dije: «Te quiero Nancy». Me puse de rodillas junto a su cama, sostuve su mano durante un largo rato y pronto hizo su última espiración y nos dejó.

Hablé públicamente sobre la muerte de mi hermana cuando acepté la candidatura demócrata para vicepresidente en 1996, y me sorprendió que algunos encontraran mis comentarios demasiado sentimentales. Nancy había tenido un papel demasiado importante en mi vida como para que yo no hablara de ella en un tiempo en el que el país se hallaba en medio de una lucha con las compañías tabacaleras para conseguir que cambiaran sus métodos y dejaran de lado su intento de persuadir a mujeres y hombres jóvenes de que cometieran el mortal error que Nancy había cometido cuando comenzó a fumar a los trece años. Quería que la historia fuese una advertencia acerca de los riesgos del tabaco y que contribuir a detener a los apologistas d

...l, Nancy, y sus padres en el río Caney
...ork, Carthage, Tennessee, 1951.

...baco, quienes estaban ahogando las so-
...rias voces de la ciencia.

...Pero, más allá de eso, no es posible
...omprenderme sin comprender a Nancy.
...uando aún vivía, ella era una fuerza
...normemente poderosa en mi vida. Y lo
...gue siendo todavía hoy. Nancy era una
...ujer fuerte e independiente; sé que na-
...e la obligó a fumar todos esos años.
...ero también estoy convencido de que si
... industria del cigarrillo no hubiese dis-
...azado con *glamour* el acto fumar y ocul-
...do la devastación que ese hábito causa,
...y mi Nancy estaría viva. No tendría
...e echarla de menos cada día de mi
...da. Todavía yo tendría sus sonrisas y
...s bromas; su consejo, su guía y los
...razos de mi amorosa, cálida, irreem-
...azable hermana mayor.

...También hubiera deseado que mi fami-
... hubiera abandonado el cultivo del ta-
...co más pronto de lo que lo hizo des-
...és de la enfermedad de Nancy. La
...rdad es que durante la embestida del
...ncer todos estábamos aturdidos y en
...uel momento toda nuestra atención es-
...a concentrada en conseguir que ella
...ejorara. En aquel momento, las implica-
...nes de que en la granja de mi padre se
...ntinuara cultivando una planta que ha-
...a contribuido a la producción de los ci-
...rrillos que habían causado su fatal enfer-
...dad parecían algo bastante abstracto
...n poco lejano; de la misma manera que
...calentamiento global les parece algo
...no a muchas personas hoy en día. Pero
... conversaciones acerca de detener la
...ducción de tabaco en nuestra granja
...bían comenzado apenas ella enfermó y,
...mucho después de su muerte, mi pa-
... decidió abandonar definitivamente el
...tivo del tabaco.

...Sé por esta experiencia que en ocasio-
... toma tiempo unir los puntos, cuando
... descubre que hábitos y comporta-
...entos hasta entonces aceptados son
...judiciales. Pero también aprendí que
...de llegar un día de reflexión en el que
...esee con todas las fuerzas haber uni-
... los puntos más rápidamente.

...n la actualidad, desde luego, y tal como
... advirtieran claramente los científicos

de 1964 –que fumar mata porque produce
cáncer de pulmón y otras enfermedades–
los mejores científicos del siglo XXI nos están avisando, de manera cada vez más
apremiante, de que los gases invernadero
que estamos enviando a la atmósfera de la
Tierra están dañando el clima del planeta
y poniendo en grave riesgo el futuro de la
civilización humana. Y una vez más, nos
estamos tomando nuestro tiempo –demasiado tiempo– para unir los puntos.

ARRIBA: *Al y Nancy en la Granja Gore,
Carthague, Tennessee, 1951.* ABAJO: *Al,
Nancy y sus padres en la Granja Gore, 1951.*

El segundo problema respecto del modo en que pensamos acerca de la crisis climática es el abismo que hay entre lo que C. P. Snow describió como «las dos culturas». En su tenaz búsqueda de conocimiento cada vez más refinado, la ciencia se ha vuelto tan especializada, se ha dividido en tantas subespecialidades de ámbito cada vez más restringido, que el resto de nosotros lo tiene cada vez más difícil para darle sentido a sus conclusiones y poner ese conocimiento en términos de lenguaje corriente. Más aún, puesto que la ciencia prospera con la incertidumbre, en tanto que la política se ve paralizada por ella, resulta muy difícil para los científicos alarmar a los políticos, por-

que aun cuando sus descubrimientos dejan claro que estamos en un grave peligro, su primer impulso es repetir el experimento, para ver si obtienen los mismos resultados.

Los políticos, por otra parte, confunden a menudo las argumentaciones guiadas por el interés, pagadas por los grupos de presión y publicadas en la prensa corriente, con los estudios legítimos, evaluados por otros especialistas y publicados en revistas científicas de prestigio. Por ejemplo, cuando discuten que el calentamiento global no es más que un mito, los llamados escépticos del calentamiento global citan un artículo más que ningún otro: una advertencia de que el

UN ACUERDO TAN SÓ
SE HA CONSTRUIDO
PROBLEMA ES RARO

DONALD KENNEDY, DIRECTOR JEFE, REVISTA *SCIENCE*.

mundo podría estar en peligro de entrar en una nueva glaciación. Pero el artículo en el que apareció ese comentario de un científico fue publicado en *Newsweek* y nunca apareció en ninguna revista con evaluación de textos. Más aún, el científico que había hecho tal advertencia rectificó, poco después, y ofreció una clara explicación de por qué su comentario era incorrecto.

Se cree equivocadamente que la comunidad científica mantiene desacuerdos acerca de si el calentamiento global es real, si los seres humanos somos su causa principal y si sus consecuencias son tan peligrosas como para justificar una acción inmediata.

De hecho, no existe prácticamente ningún desacuerdo serio respecto de ninguno de estos puntos fundamentales, los cuales constituyen el punto de vista consensuado de la comunidad científica mundial.

Según Jim Baker, cuando era director de la NOAA, la institución científica responsable de la mayoría de las mediciones relacionadas con el calentamiento global, «hay más acuerdo científico en este tema que en ningún otro... con la posible excepción de Ley de la Dinámica de Newton». Donald Kennedy resumió esta idea cuando dijo respecto del consenso sobre el calentamiento global:

LIDO COMO EL QUE ALREDEDOR DE ESTE EN LA CIENCIA.

Una científica de la Universidad de California en San Diego, la Dra. Naomi Oreskes, ha publicado en la revista *Science* un amplio estudio sobre todos los artículos que tratan el calentamiento global aparecidos en revistas científicas con evaluación en los últimos diez años. La Dra. Oreskes y su equipo escogieron una gran muestra de 928 artículos, que representaba el 10% del total, y analizaron cuidadosamente cuántos de ellos coincidían y cuántos no estaban de acuerdo con la idea predominante. Alrededor de un cuarto de los trabajos de la muestra estudiaba aspectos del calentamiento global que no incluían discusión alguna respecto de los elementos centrales del consenso. De los tres cuartos que sí lo hacían, ¿cuál era el porcentaje de los que estaban en desacuerdo? Cero.

Número de artículos acerca del «cambio climático» publicados en revistas científicas con evaluación durante los diez años previos al estudio:

928

Porcentaje de artículos con dudas respecto de la causa del calentamiento global:

0%

La equivocada idea de que entre los científicos hay desacuerdos serios acerca del calentamiento global es, en realidad, una ilusión alimentada deliberadamente por un grupo pequeño, pero extremadamente bien financiado, con intereses especiales, que incluyen a la Exxon Mobil y otras pocas empresas productoras de petróleo, carbón y servicios relacionados. Estas empresas desean impedir el surgimiento de cualquier política nueva que pueda interferir en sus planes de negocios actuales, los cuales dependen de la liberación masiva e irrestricta de contaminación asociada al calentamiento global a la atmósfera terrestre, cada hora de cada día.

El periodista Ross Gelbspan, ganador del Premio Pulitzer, descubrió una de las comunicaciones internas preparadas por este grupo para guiar a los empleados involucrados en su campaña de desinformación. He aquí el objetivo expreso del grupo: «Volver a posicionar el calentamiento global como una teoría, en lugar de como un hecho».

Esta técnica ya ha sido utilizada anteriormente.

La industria del tabaco, hace cuarenta años, reaccionó al histórico informe del director del Servicio de Salud, el cual vinculaba el cigarrillo con el cáncer de pulmón y otras enfermedades pulmonares, organizando una campaña de desinformación parecida. Una de sus comunicaciones, redactada en los sesenta, fue revelada recientemente, durante uno de los juicios contra las empresas tabacaleras en nombre de los millones de personas muertas por su producto. Resulta interesante leerla cuarenta años después, en el contexto de una campaña de desinformación acerca del calentamiento global:

La duda es nuestro producto, ya que es el mejor instrumento para competir con el «conjunto de hechos» que existe en la mente del público en general. A la vez, es un modo de instalar una controversia.

Comunicación de la Brown and Williamson Tobacco Company (década de 1960).

Una de las principales fuentes de desinformación acerca del calentamiento global ha sido la Administración Bush-Cheney.

La Casa Blanca ha intentado acallar a los científicos que trabajan para el Gobierno que –como James Hansen, de la NASA– han intentado advertirnos acerca de los peligros extremos que afrontamos. Se han nombrado «escépticos» recomendados por las compañías petroleras en puestos clave, desde los cuales pueden impedir la acción contra el calentamiento global. Puesto que son nuestros principales negociadores en los foros internacionales, estos escépticos pueden imposibilitar el acuerdo sobre una respuesta mundial al calentamiento global.

A comienzos de 2001, el presidente Bush contrató un abogado/cabildero llamado Phillip Cooney para dirigir la política ambiental de la Casa Blanca. Los seis años anteriores, Cooney había trabajado para el Instituto Estadounidense del Petróleo y era el principal encargado de la campaña para confundir al pueblo estadounidense llevada adelante por las empresas productoras de petróleo y carbón.

Aun cuando Cooney no tenía la más mínima preparación científica, el presidente le otorgó el poder de corregir y censurar las investigaciones oficiales de la Agencia de Protección Ambiental (EPA, según su siglas en inglés) y otras partes del Gobierno Federal relacionadas con el calentamiento global. En 2005, un informante oculto en la Administración filtró al *New York Times* una comunicación de la Casa Blanca autorizada por Cooney (una parte de la cual aparece abajo). Cooney había eliminado diligentemente toda mención de los peligros del calentamiento global para el pueblo estadounidense. La revelación del diario fue algo vergonzoso para la Casa Blanca y Cooney, en lo que se ha convertido en un raro acontecimiento en los últimos años: dimitió. Al día siguiente estaba trabajando para Exxon Mobil.

The New York Times

~~El calentamiento también causará la reducción de los glaciares de montaña y adelantará el deshielo de los picos nevados en la regiones polares. A la vez, los coeficientes de escorrentía se modificarán, alterando el potencial de inundación de maneras que actualmente no se comprenden completamente. Habrá cambios significativos en la estacionalidad de las escorrentías, los cuales tendrán un grave impacto sobre las poblaciones nativas que dependen de la pesca y la caza para su supervivencia. Estos cambios se complicarán aún más a causa de los cambios en los regímenes de precipitaciones y una posible intensificación e incremento de la frecuencia de los acontecimientos hidrológicos.~~ Reducir las incertidumbres en la comprensión actual de las relaciones entre el cambio climático y la hidrología del Ártico es algo crítico.

Desde aquí se aparta de la estrategia de investigación y se pierde en hallazgos especulativos.

Phillip Cooney

1995-20 DE ENERO DE 2001

Cabildero del Instituto Estadounidense del Petróleo a cargo de la desinformación respecto del calentamiento global.

20 DE ENERO DE 2001

Contratado como jefe de equipo de la Oficina de Medio Ambiente de la Casa Blanca.

14 DE JUNIO DE 2005

Abandona la Casa Blanca para ir a trabajar a Exxon Mobil.

Hace un siglo, Upton Sinclair era uno de los miembros más respetados de un notable grupo de autores y periodistas de investigación que desvelaron los horrendos abusos que se ocultaban tras los excesos de la Edad Dorada y ayudaron a estimular las reformas de la Era Progresista. Sinclair hizo un comentario que bien podría aplicarse al grupo de negadores designados por la Administración Bush-Cheney para hacerse cargo de la respuesta estadounidense al calentamiento global, negadores como Cooney que están trabajando para convencer a los estadounidenses de que el problema no es real, es mucho menos peligroso y que no somos responsables de él de ninguna manera.

ES DIFÍCIL HACER QUE ENTIENDA ALGO CUAN DEPENDE DE QUE NO

UPTON SINCLAIR

UN HOMBRE
DO SU SUELDO
LO ENTIENDA.

Lo que hace intolerable este tipo de deshonestidad es que hay muchísimo en juego.

El 21 de junio de 2004, cuarenta y ocho ganadores del Premio Nobel acusaron al presidente Bush y a su Administración de tergiversar la ciencia:

Al ignorar el consenso científico so-
pre problemas críticos tales como el
cambio climático global, [el presiden-
e Bush y su Administración] están
amenazando el futuro de la Tierra.»

IRMADO POR:

ter Agre
MICA, 2003.

ney Altman
MICA, 1989.

ilip Anderson
ICA, 1977.

vid Baltimore
DICINA, 1975.

ruj Benacerraf
DICINA, 1980.

ul Berg
MICA, 1980.

ns A. Bethe
CA, 1967.

chael Bishop
DICINA, 1989.

nter Blobel
DICINA, 1999.

Bloembergen
ICA, 1981.

nes W. Cronin
ICA, 1980.

nann Deisenhofer
MICA, 1988.

John B. Fenn
QUÍMICA, 2002.

Val Fitch
FÍSICA, 1980.

Jerome I. Friedman
FÍSICA, 1990.

Walter Gilbert
QUÍMICA, 1980.

Alfred G. Gilman
MEDICINA, 1994.

Donald A. Glaser
FÍSICA, 1960.

Sheldon L. Glashow
FÍSICA, 1979.

Joseph Goldstein
MEDICINA, 1985.

Roger Guillermin
MEDICINA, 1977.

Dudley Herschbach
QUÍMICA, 1986.

Roald Hoffmann
QUÍMICA, 1981.

H. Robert Horvitz
MEDICINA, 2002.

David H. Hubel
MEDICINA, 1981.

Louis Ignarro
MEDICINA, 1981.

Eric R. Kandel
MEDICINA, 2000.

Walter Kohn
QUÍMICA, 1998.

Arthur Kornberg
MEDICINA, 1959.

Leon M. Lederman
FÍSICA, 1988.

Tsung-Dao Lee
FÍSICA, 1957.

David M. Lee
FÍSICA, 1996.

William N. Lipscomb
QUÍMICA, 1976.

Roderick MacKinnon
QUÍMICA, 2003.

Mario J. Molina
QUÍMICA, 1995.

Joseph E. Murray
MEDICINA, 1990.

Douglas D. Osheroff
FÍSICA, 1996.

George Palade
MEDICINA, 1974.

Arno Penzias
FÍSICA, 1978.

Martin L. Perl
FÍSICA, 1995.

Norman F. Ramsey
FÍSICA, 1989.

Burton Richter
FÍSICA, 1976.

Joseph H. Taylor Jr.
FÍSICA, 1993.

E. Donnall Thomas
MEDICINA, 1990.

Charles H. Townes
FÍSICA, 1964.

Harold Varmus
MEDICINA, 1989.

Eric Wieschaus
MEDICINA, 1995.

Robert W. Wilson
FÍSICA, 1978.

El tercer problema relacionado con nuestra manera de pensar acerca del calentamiento global es nuestra falsa creencia de que tenemos que escoger entre una economía sana y un medio ambiente sano.

En 1991, fui miembro de un grupo bipartito de senadores que intentó convencer a la primera Administración Bush para que asistiera a la Cumbre de la Tierra de Río de Janeiro. Como respuesta, la Casa Blanca organizó una conferencia para dar la impresión de que se estaban comportando de manera responsable. Y como parte de su esfuerzo, se imprimió un colorido panfleto acerca de la «Gestión Global» para persuadir a la gente de que se estaba actuando para proteger el medio ambiente global.

Una de las imágenes, que mostraba el modo en que veían el equilibrio entre el medio ambiente y la economía, me dejó particularmente intrigado.

La ilustración es emblemática de una concepción ampliamente difundida acerca de la «elección» básica que hace EE. UU. entre la economía y el medio ambiente. La imagen muestra una balanza de estilo antiguo. En uno de los platos hay lingotes de oro, que representan la riqueza y el éxito económico. En el otro está… ¡todo el planeta!

EL USO DEL CAPITALISMO Y EL CALENTAMIENTO GLOBAL

Una de las claves para resolver la crisis climática es hallar maneras de utilizar la poderosa fuerza del capitalismo de mercado como aliado. Y eso exige, más que cualquier otra cosa, mediciones precisas acerca de las consecuencias reales –positivas y negativas– de todas las decisiones económicas importantes que tomamos.

El impacto ambiental de nuestras decisiones económicas ha sido ignorado a menudo, a causa de que la contabilidad tradicional dejaba que estos factores fuesen etiquetados como «externalidades» y excluidos de modo rutinario de los balances. No sorprende que esta práctica miope haya persistido tanto. En ocasiones resulta difícil poner una etiqueta de precio a estos factores. Y el solo hecho de proclamar que estos factores son «externos» facilita que queden fuera de la vista… y de la mente.

Ahora, sin embargo, muchos líderes comerciales reconocen finalmente los efectos totales de sus decisiones e incorporan en el precio factores tales como el medio ambiente, el impacto en la comunidad y la longevidad de los empleados utilizando sofisticadas técnicas para medir su valor de mercado.

Parte de esta estrategia implica una concepción de mayor amplitud acerca de cómo los negocios pueden mantener sus beneficios en el curso del tiempo. Esos líderes están abandonando el obsesivo corto plazo y reemplazándolo por una perspectiva de más largo plazo. A menudo, esto puede significar una gran diferencia en la evaluación de los pros y los contras de las inversiones que probablemente den beneficios después de dos o tres años. Actualmente, muchas de esas inversiones se evitan de manera rutinaria, porque el mercado penaliza los gastos que lesionan las ganancias a corto plazo.

Pero también está en marcha un gran cambio en la comunidad de inversores, el cual está liderado por inversores que actualmente están insatisfechos con el «cortoplacismo» de los mercados financieros y desean adoptar una perspectiva más realista de cómo los negocios incrementan y mantienen su valor. Estos inversores tienen en cuenta el medio ambiente y otros factores cuando evalúan una inversión. Por ejemplo, muchos inversores individuales e institucionales están decidiendo hoy en día que es prudente considerar el impacto potencial de sus inversiones en el cambio climático.

Ya se trate de poner dinero en una cuenta de ahorro o en un banco cooperativo local, comprar acciones, invertir en fondos comunes de inversión para su jubilación o administrar los fondos del colegio de su hijo, adónde va el dinero es importante. Cuando se invierte, la consideración de los problemas de sostenibilidad no disminuye las ganancias; en efecto, algunas pruebas demuestran que las puede mejorar. Usted puede hacer una gran contribución para detener el cambio climático, apoyar la sostenibilidad global y obtener buenas ganancias si elige sus inversiones sabiamente.

o que esto viene a decir es que no se
rata solamente de una decisión que
enemos que tomar, sino de una decisión
ue es difícil. Pero, de hecho, se trata de
na falsa elección, por dos motivos.
rimero, sin planeta no disfrutaremos
nucho de esos lingotes de oro.

segundo, si hacemos lo correcto, enton-
es crearemos una gran cantidad de
queza, trabajo y oportunidades.

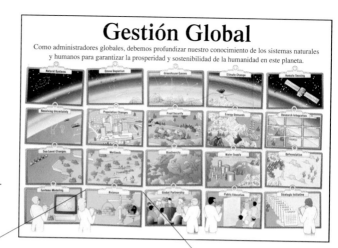

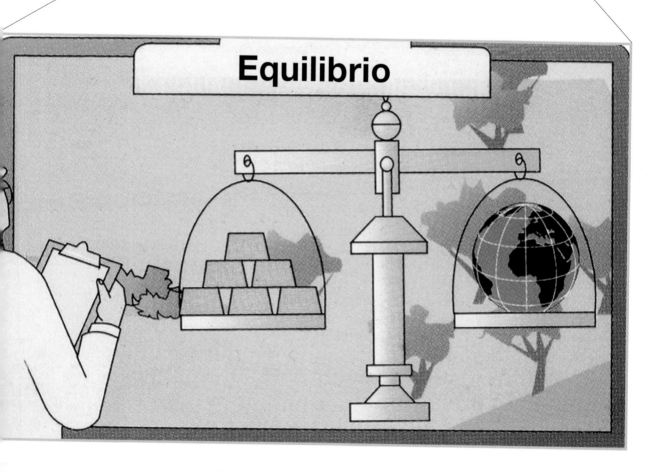

Desafortunadamente, la falsa elección planteada entre nuestra economía y el medio ambiente afecta a nuestra política de manera perjudicial.

Un ejemplo de ello son los estándares de kilometraje por litro de combustible de los automóviles. En Japón, la ley indica que los coches tienen que hacer más de 19 kilómetros por litro. Europa no se encuentra muy atrás y ha aprobado leyes diseñadas para sobrepasar los estándares japoneses. Nuestros amigos de Canadá y Australia se están dirigiendo hacia un estándar más exigente de 13 kilómetros por litro.

Pero EE.UU. está en último lugar.

Se nos dice que tenemos que proteger nuestras compañías automovilísticas de la competencia de lugares como China donde, se afirma, a los líderes no les importa el medio ambiente.

De hecho, los chinos han elevado sus estándares de control de emisiones y éstos ya son mucho más exigentes que los nuestros. Irónicamente, no podemos vender a China los coches fabricados en EE.UU. porque no cumplimos con sus estándares ambientales.

COMPARACIÓN DE LA ECONOMÍA DE COMBUSTIBLE Y ESTÁNDARES DE EMISIONES DE GASES INVERNADERO EN TODO EL MUNDO

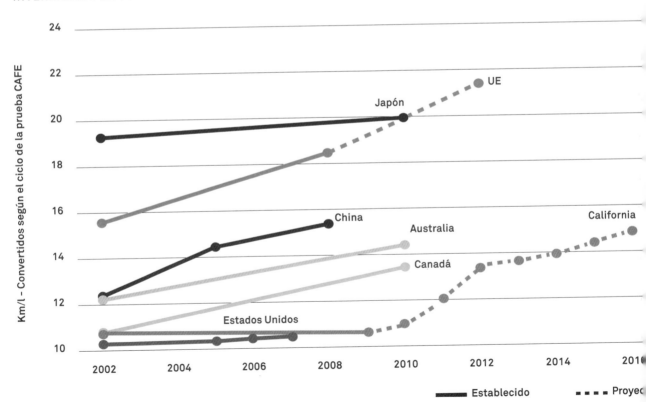

n California, la legislatura estatal ha
mado la iniciativa de exigir estándares
ás elevados para los automóviles que se
enden en ese estado. Pero las compañías
utomovilísticas han demandado a Cali-
rnia para impedir que esa ley estatal sea
omulgada. El motivo es que, si eso ocu-
iese, *dentro de diez años* deberían fabri-
ar para California automóviles casi tan
ficientes como los que China fabrica hoy
 día.

Nuestros obsoletos estándares ambientales se basan en ideas defectuosas acerca
de la verdadera relación que hay entre la
economía y el medio ambiente. En este
caso, el objetivo de esas ideas es contribuir
al éxito de las empresas automovilísticas.
Pero, tal como muestra claramente el gráfico, son las compañías que fabrican coches
más eficientes las que obtienen mayores
beneficios. Las empresas estadounidenses
están en graves problemas. Y todavía mul-
tiplican sus esfuerzos para vender coches
grandes, ineficientes e insaciables, pese a
que el mercado está enviando el mismo
mensaje que envía el medio ambiente.

MBIO EN LA CAPITALIZACIÓN DEL MERCADO: FEBRERO-NOVIEMBRE DE 2005

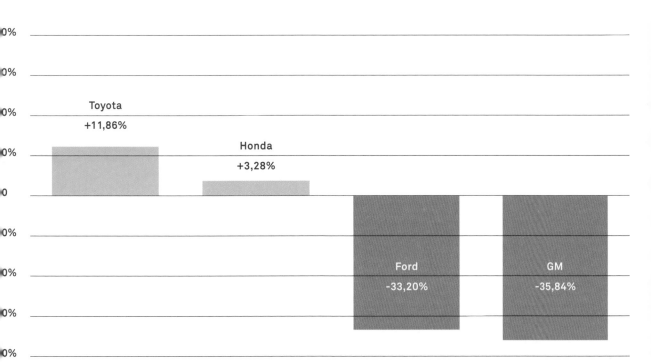

ENTE: FORBES.COM

Afortunadamente, cada vez más ejecutivos de empresas estadounidenses están comenzando a guiarnos en la dirección correcta.

Por ejemplo, General Electric (GE) ha anunciado recientemente una drástica nueva iniciativa respecto del calentamiento global. Jeffrey R. Immelt, jefe ejecutivo de GE, ha explicado cómo el medio ambiente y la empresa se han unido en una visión:

PENSAMOS QUE VER VERDE.* ES ÉSTE UN EL MEJORAMIENTO PRODUCIRÁ RENTABI

JEFFREY R. IMMELT, PRESIDENTE Y JEFE EJECUTIVO DE GE

DE SIGNIFICA
TIEMPO EN EL QUE
AMBIENTAL
BILIDAD.

* IMMELT ESTÁ IDENTIFICANDO EL COLOR
REPRESENTATIVO DE LA DEFENSA DEL MEDIO AMBIENTE
CON EL COLOR DE LOS BILLETES DE DÓLAR. *(N. DEL T.)*

El cuarto y último problema relacionado con el modo en que alguna gente piensa acerca del calentamiento global es la idea errónea y peligrosa de que si la amenaza es realmente tan grande como nos dicen los científicos, entonces tal vez ya no podamos afrontarla, por lo que bien podríamos resignarnos.

Un número sorprendente de personas pasan directamente de la negación a la desesperación, sin detenerse en el paso intermedio para decir: «¡Podemos hacerle frente!».

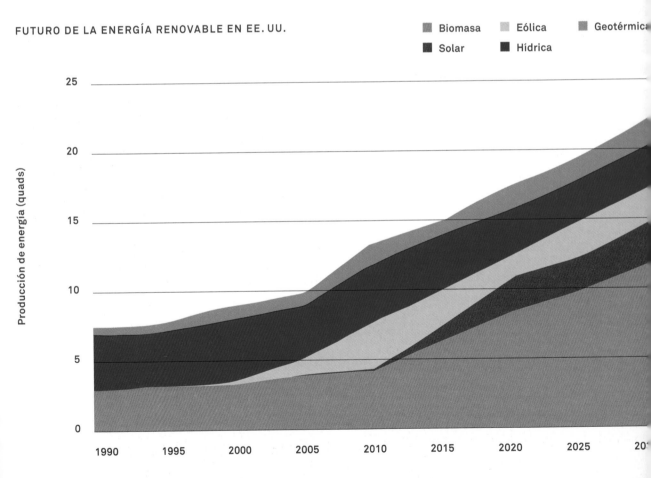

FUTURO DE LA ENERGÍA RENOVABLE EN EE. UU.

■ Biomasa ■ Eólica ■ Geotérmica
■ Solar ■ Hídrica

Producción de energía (quads)

25
20
15
10
5
0

1990 1995 2000 2005 2010 2015 2020 2025 20

Y podemos.

BOMBILLAS DE BAJO CONSUMO

AUTOBUSES HÍBRIDOS CON PILA DE COMBUSTIBLE

PANELES SOLARES

AZOTEAS VERDES

HYDROGEN FUEL CELL ELECTRIC

AUTOMÓVIL ELÉCTRICO IMPULSADO
POR UNA PILA DE HIDRÓGENO

COCHE HÍBRIDO

PLANTA GEOTÉRMICA

Tenemos todo lo que se necesita para comenzar a resolver la crisis climática, excepto, tal vez, de la voluntad política. Pero en EE.UU., la voluntad política es un recurso renovable.

Cada uno de nosotros es una causa del calentamiento global pero, a la vez, cada uno de nosotros puede convertirse en parte de la solución: en las decisiones que tomamos acerca de qué comprar, la cantidad de electricidad que utilizamos, los automóviles que conducimos y cómo vivimos nuestras vidas. Hasta podemos tomar decisiones para llevar nuestras emisiones de dióxido de carbono a cero.

PARQUE EÓLICO MARINO DE MIDDELGRUNDEN, COPENHAGUE, DINAMARCA, 2001.

ENERGÍA EÓLICA

Sin energía eólica jamás hubiéramos colonizado las Grandes Praderas. Pese a todo el crédito que otorgamos a los ferrocarriles, los rifles y los caballos, fueron los molinos de viento los que bombearon el agua subterránea a la superficie, incansablemente, durante generaciones, ayudando a los colonos a cocinar, lavar y cuidar del ganado.

El viento siempre ha sido un recurso esperando a ser aprovechado. Un parque eólico de 100 megavatios –o sea, cincuenta torres de noventa metros de altura dotadas de turbinas de dos megavatios, del tamaño de un camión remolque– puede dar electricidad a 24.000 hogares. Sería necesario quemar casi 50.000 toneladas de carbón para suministrar la misma cantidad de electricidad. Es necesario quemar cada año esa misma cantidad de carbón para generar la misma cantidad de energía; imagínese las cantidades de dióxido de carbono que esto produce anualmente.

Es cierto que una moderna turbina eólica también libera dióxido de carbono, pero sólo durante su fabricación; una vez que ha sido montada y está en marcha la turbina funciona sin contaminar. El contraste entre el carbón y el viento como fuentes de energía es radical: en tanto que el carbón vomita un chorro permanente de dióxido de carbono y contribuye al calentamiento de la Tierra, la energía eólica no hace nada de eso.

El mercado ya ha decidido que la energía eólica es una de las tecnologías disponibles más maduras y económicamente más eficientes para impulsar nuestro futuro. Las compañías de servicios de todo el país están invirtiendo en parques eólicos. En 2005, el negocio de turbinas de General Electric se duplicó. Vestas, el líder global en el campo, ha transformado los aerogeneradores en el principal producto de exportación de Dinamarca. Algunas noches, en la costa danesa, los vientos

invernales cubren todas las necesidades energéticas locales. Para 2008, un cuarto de la electricidad del país se obtendrá de los cielos.

Es verdad, estos aerogeneradores son gigantescos, pero también lo es nuestro apetito de electricidad. Estas construcciones alteran el horizonte, pero muchos encuentran apacible observar cómo giran sus aspas.

Cada día, seguimos llenando el aire con gases de carbono, mientras que la energía eólica está ahí, a nuestro alcance, esperando a ser aprovechada.

En un respetado estudio sobre las estrategias políticas que pueden ayudarnos a resolver la crisis climática, dos economistas de la Universidad de Princeton −Robert Socolow y su colega, Stephen Pacala− han concluido: «La humanidad ya posee el conocimiento científico, técnico e industrial básico para resolver los problemas del dióxido de carbono y el clima para los próximos cincuenta años».

El gráfico que se muestra abajo, basado en el estudio de Socolow y Pacala, ilustra,

en el extremo superior derecho, cuánto se espera que crezca la contaminación de EE.UU. asociada al calentamiento global en las próximas cuatro décadas, si continuamos actuando «como de costumbre». Pero cada una de las cuñas coloreadas muestra la reducción de esa contaminación que puede conseguirse en el mismo periodo si se utilizan los seis conjuntos de nuevas estrategias descritas aquí.

ESTABILIZACIÓN DE EE.UU.

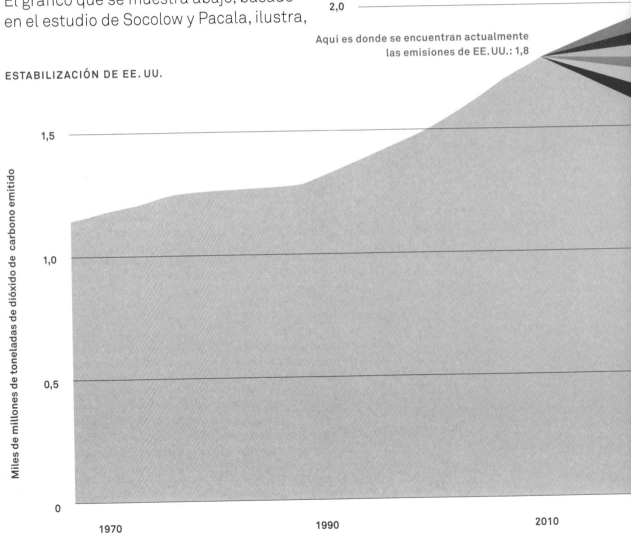

Aquí es donde se encuentran actualmente
las emisiones de EE.UU.: 1,8

Todos juntos, estos cambios, los cuales están basados en tecnologías ya existentes y accesibles, pueden hacer descender las emisiones a un punto inferior a los niveles de la década de los setenta del siglo pasado.

■ Reducción a partir de un uso más eficiente de la electricidad en los sistemas de calefacción y refrigeración, iluminación y equipos electrónicos.

■ Reducción a partir de la eficiencia energética. Esto significa diseñar los edificios y los negocios para que utilicen mucha menos energía que en la actualidad.

■ Reducción a partir de una mayor eficiencia en los vehículos, gracias a la fabricación de automóviles que funcionan con menos gasolina y a la puesta de más coches híbridos y con pilas de combustible en las carreteras.

■ Reducción a partir de la realización de otros cambios de la eficiencia en el transporte, tales como el diseño de ciudades y pueblos con mejores sistemas de transporte público y la construcción de camiones pesados de mayor eficiencia en su consumo de combustible.

■ Reducción a partir de la mayor dependencia de las tecnologías de energías renovables que ya existen, tales como la energía eólica y los biocombustibles.

■ Reducción a partir de la captura y almacenamiento del exceso de dióxido de carbono de las plantas eléctricas y las actividades industriales.

tuar como de costumbre eleva las emisiones hasta aquí: 2,6

2030   2050

Otros países ya se han decidido a actuar. El Protocolo de Kioto ha sido ratificado por ciento treinta y dos países del mundo desarrollado.

Sólo hay dos países desarrollados que no han ratificado el Protocolo, y EE.UU. es uno de ellos. El otro es Australia.

RATIFICADO POR

Alemania
Antigua
Arabia
Arabia Saudita
Argelia
Argentina
Armenia
Austria
Azerbaiyán
Bahamas
Bangladesh
Barbados
Barbuda
Bélgica
Belice
Benín
Birmania
Bolivia
Botsuana
Brasil
Bulgaria
Burundi
Bután
Camboya
Camerún
Canadá
Chile

China
Chipre
Colombia
Corea del Norte
Corea del Sur
Costa Rica
Cuba
Dinamarca
Dominica
Ecuador
Egipto
El Salvador
Emiratos Árabes Unidos
Eslovaquia
Eslovenia
España
Estonia
Federación Rusa
Filipinas
Finlandia
Fiyi
Francia
Gambia
Georgia
Ghana
Granada
Grecia
Guatemala

Guinea
Guinea Ecuatorial
Guyana
Honduras
Hungría
India
Indonesia
Irlanda
Islandia
Islas Cook
Islas Marshall
Islas Salomón
Israel
Italia
Jamaica
Japón
Jordania
Kenia
Kirguizistán
Kiribati
Laos
Letonia
Lesoto
Liberia
Liechtenstein
Lituania
Luxemburgo
Macedonia

¿Quedaremos a la zaga, mientras el resto del mundo se mueve hacia el futuro?

adagascar

alasia

alaui

aldivas

ali

alta

arruecos

auricio

éxico

icronesia

ongolia

ozambique

amibia

auru

icaragua

iger

igeria

iue

oruega

ueva Zelanda

mán

aíses Bajos

alaos

anamá

apúa-Nueva Guinea

aquistán

araguay

erú

Polonia

Portugal

Qatar

Reino Unido

República Checa

República de Moldavia

República Dominicana

Ruanda

Rumania

Samoa

San Vicente y las Granadinas

Santa Lucía

Senegal

Seychelles

Sri Lanka

Sudáfrica

Sudán

Suecia

Suiza

Tailandia

Tanzania

Togo

Trinidad y Tobago

Túnez

Turkmenistán

Tuvalu

Ucrania

Uganda

Unión Europea

Uruguay

Uzbekistán

Vanuatu

Venezuela

Vietnam

Yemen

Yibouti

NO RATIFICADO

Australia

EE.UU.

La politización del calentamiento global

En mi viaje alrededor del mundo ofreciendo mi presentación de diapositivas, hay dos preguntas que las personas que ya conocen cuán seria es ahora la crisis me hacen con mayor frecuencia, en particular en EE. UU.:

1) «¿Por qué tanta gente cree que esta crisis no es real?»

2) «¿Por qué es político este problema?»

Mi respuesta a la primera pregunta ha sido intentar hacer que mi presentación –y ahora este libro– sea tan clara y convincente como me sea posible. Con respecto a por qué hay tanta gente que todavía rehúsa aceptar lo que los datos muestran claramente, creo que, en parte, la causa es que la verdad sobre la crisis climática es una verdad incómoda que implica que tendremos que cambiar el modo en que vivimos nuestras vidas. La mayoría de esos cambios resultarán ser para bien; se trata de cosas que de todos modos deberíamos hacer por otras razones, pero que de todos modos son incómodas. Ya sean cambios menores, como en el caso de ajustar el termostato o utilizar una bombilla de luz diferente, o mayores como pasar del petróleo y el carbón a los combustibles renovables, todos ellos exigirán un esfuerzo.

Pero la respuesta a la primera pregunta está relacionada, también, con la segunda pregunta. La verdad acerca del calentamiento global es especialmente incómoda e inconveniente para algunas personas y empresas poderosas, que ganan enormes sumas de dinero con actividades que saben muy bien que tendrán que modificar drásticamente a fin de garantizar la habitabilidad del planeta.

Esta gente –especialmente esas pocas personas de las empresas multinacionales que tienen muchísimo en juego– han invertido muchos millones de dólares cada año buscando maneras de sembrar la confusión entre el público en lo relacionado con el calentamiento global. Esta gente ha sido particularmente eficaz en la construcción de una coalición con otros grupos que han acordado proteger sus intereses entre sí, y esa coalición se las ha arreglado para paralizar la capacidad de EE. UU. de dar una respuesta al problema del calentamiento global. La Administración Bush-Cheney ha recibido un gran apoyo de esta coalición y parece estar haciendo todo lo que está en su mano para satisfacer sus intereses.

Por ejemplo, a muchos científicos que investigan el calentamiento global para el gobierno se les ha ordenado que tengan cuidado con lo que dicen respecto de la crisis climática y se les ha dado instrucciones de que no hablen con los medios. Más importante aún, todas las iniciativas políticas estadounidenses relacionadas con el calentamiento global han sido modificadas según la perspectiva no científica –la perspectiva de la Administración– de que el calentamiento global no es un problema. A nuestros negociadores en los foros internacionales que tratan el calentamiento global se les ha aconsejado que intenten detener todo paso hacia alguna acción que pudiese resultar inconveniente para las compañías productoras de petróleo o carbón, aun si ello implica perturbar la maquinaria diplomática para conseguirlo.

Además, el presidente Bush designó como máxima autoridad de toda la política

clinados a otorgarle al presidente el beneficio de la duda.

La lógica ofrecida por los llamados escépticos del calentamiento global para oponerse a toda acción que pueda resolver la crisis climática ha cambiado varias veces con los años. Al principio, los opositores decían que no había ningún calentamiento global; afirmaban que se trataba únicamente de un mito. Unos pocos todavía dicen eso hoy en día, pero ahora hay tantas pruebas innegables que echan por tierra semejante aserción, que la mayoría de los negadores ha decidido modificar su táctica. Ahora reconocen que el planeta se está calentado, efectivamente, pero afirman inmediatamente que eso se debe a «causas naturales».

El propio presidente Bush todavía intenta mantener esta posición, aseverando que aun cuando parece que, en efecto, el mundo se está calentando, no hay ninguna

sofía parece ser «comamos, bebamo
pasémoslo en grande, ya que maña
nuestros hijos heredarán lo peor de e
crisis; resulta demasiado incómodo
marnos la molestia».

Todas estas lógicas cambiantes dep
den, habitualmente, de la misma tác
política subyacente: afirmar que la cien
tiene incertidumbres y que hay serias
das acerca de los hechos básicos.

Estos grupos hacen hincapié en la in
tidumbre porque saben que, en EE. UU
política puede quedar paralizada por
causa. Ellos entienden que es parte
instinto natural de un político evitar a
mir cualquier posición que resulte con
vertida, a menos –y hasta que– los vot
tes se lo exijan o la conciencia se
requiera de manera perentoria. De
modo, si los votantes y los políticos que
representan pueden ser convencidos
que los propios científicos no se ponen

La verdad sobre la crisis climática es una verdad incómoda que implica que tendremos que cambiar el modo en que vivimos nuestras vidas.

ambiental de la Casa Blanca a la persona a cargo de la campaña de desinformación sobre el calentamiento global montada por las empresas petroleras. Aun cuando este cabildero-abogado no tenía la más mínima formación científica, se le otorgó el poder de corregir y censurar las advertencias de la Agencia de Protección Ambiental (EPA) y otras agencias del gobierno acerca del calentamiento global.

Los líderes políticos –en particular el presidente– pueden tener un enorme efecto no sólo en la política pública (especialmente mientras el Congreso estuvo controlado por el propio partido político del presidente, fue sumiso e hizo cualquier cosa que el presidente deseó), sino también en la opinión pública, especialmente entre sus seguidores.

Considérese este hecho: aun cuando los estadounidenses en general están cada vez más preocupados por el calentamiento global, las encuestas de opinión muestran que los miembros del propio partido del presidente le dan cada vez menos importancia al problema, tal vez porque se sienten naturalmente más in-

prueba convincente de que los seres humanos sean los responsables del cambio. Y él parece estar particularmente convencido de que las compañías productoras de petróleo y carbón que tanto lo han apoyado jamás podrían tener algo que ver con todo esto.

Otro argumento relacionado que han utilizado los negadores es que, efectivamente, el calentamiento global parece real; pero probablemente eso sea bueno para nosotros. Y añaden que, por supuesto, cualquier esfuerzo por detenerlo sería, sin dudas, perjudicial para la economía.

Pero el argumento más reciente –y, en mi opinión, el más ignominioso– propuesto por los opositores del cambio es éste: sí, está ocurriendo, pero realmente no hay nada que podamos hacer al respecto, así que bien podríamos quedarnos de brazos cruzados. Esta facción favorece la continuidad de la práctica de seguir emitiendo contaminación relacionada con el calentamiento global a la atmósfera, aun cuando reconocen que la crisis que eso está produciendo es real y perjudicial. Su filo-

acuerdo sobre cuestiones básicas del
lentamiento global, entonces el proc
político puede ser paralizado por tie
indefinido. Esto es exactamente lo que
ocurrido –al menos hasta hace muy po
y todavía no está claro cuándo cambi
realmente la situación.

Parte del problema tiene que ver
un cambio estructural de largo plazo
el modo en que opera actualmente
mercado de ideas en EE. UU. La natur
za unidireccional de nuestro medio
comunicación predominante, la tele
sión, se ha combinado con la crecie
concentración de la propiedad de la e
me mayoría de los medios de comun
ción en un número cada vez más peq
ño de grandes conglomerados
mezclan los valores del espectáculo
los del periodismo, lo cual acaba dañ
do seriamente el papel de la objetiv
en el foro público estadounidense.
en día hay menos periodistas indep
dientes con la libertad y la estatura ne
sarias para informar al público cua
importantes hechos son tergiversad
manera permanente con el fin de en

Gore disertando en el Día de la Tierra, 1997.

a la audiencia. Internet ofrece la [opor]tunidad más esperanzadora para re[es]tablecer la integridad del diálogo pú[bli]co, pero la televisión es todavía el me[di]o predominante en el modelado de ese [diá]logo.

Las técnicas de «propaganda» que sur[gi]eron con los nuevos medios masivos de [infor]mación y comunicación del siglo xx [con]figuraron la amplia utilización de téc[ni]cas relacionadas para la publicidad y la [per]suasión política de masas. Y ahora, la [pre]sión de los intentos corporativos de [infl]uir y controlar las iniciativas políticas [púb]licas se ha intensificado enormeme[nte, lo] cual a su vez nos está llevando a la [uti]lización muy difundida y, a menudo [cín]ica, de las mismas técnicas de per[sua]sión de masas para condicionar las [ide]as del público en relación con impor[tan]tes asuntos, de modo tal que no pres[te] su apoyo a las soluciones que podrían [res]ultar incómodas –y costosas– para [cier]tas industrias.

[U]na de las técnicas constantemente uti[liza]das en la campaña para detener las ac[cio]nes contra la crisis climática ha sido [acu]sar repetida e insistentemente a los [cien]tíficos que intentan advertirnos de la [cris]is de ser deshonestos, codiciosos e in[dig]nos de confianza, así como de distorsio[nar] los hechos científicos con el fin de en[gr]osar de algún modo sus subsidios para la investigación.

Estos cargos son insultantes y absur[d]os, pero se han repetido lo bastante a menudo y en un volumen lo suficiente[me]nte elevado –y a través de los megá[fo]nos de tantos medios de comunica[ci]ón– como para que mucha gente se pregunte actualmente si esas acusacio[ne]s son verdaderas. Y esto resulta espe[ci]almente irónico, dado que muchos de los escépticos reciben fondos y apoyo de grupos con intereses sectoriales finan[cia]dos por corporaciones desesperadas por detener toda acción contra el calen[ta]miento global. Resulta increíble, pero el público ha estado oyendo estas opi[nio]nes desacreditadas de los escépticos tanto o más de lo que han oído las ideas consensuadas por la comunidad científi[ca] global. Este hecho vergonzoso consti[tu]ye una notoria mancha en la historia de los medios de prensa estadouniden[se]s modernos y, tardíamente, muchos lí[de]res del periodismo están dando algu[no]s pasos para corregirlo.

Pero no está nada claro si los medios de comunicación serán capaces de mantener un compromiso mayor con la objetividad, frente a las presiones intensas que los so[cavan] cada vez más y los hacen espanto[sa]mente vulnerables a este tipo de propa[ga]nda organizada. Hemos perdido mucho tiempo, que podríamos haber utilizado para resolver la crisis, a causa de que quienes se oponen a la acción han tenido éxito, hasta el momento, en politizar el problema en las mentes de muchos esta[d]ounidenses.

Ya no podemos darnos el lujo de per[m]anecer inactivos y, francamente, no hay ninguna excusa para ello. Todos que[re]mos lo mismo: que nuestros hijos y las generaciones posteriores a ellos hereden un planeta limpio y hermoso que pueda sostener una saludable civilización hu[m]ana. Esta finalidad debería trascender la política.

Sí, la ciencia siempre está en proceso y siempre evoluciona, pero ya hay datos su[f]icientes –daños suficientes– como para que sepamos sin lugar a dudas que esta[m]os en problemas. Éste no es un debate ideológico con dos bandos, uno a favor y otro en contra. Sólo hay una Tierra y todos los que vivimos en ella compartimos un mismo futuro. En este momento nos en[fren]tamos a una emergencia planetaria y es tiempo de actuar, no de suscitar falsas controversias diseñadas para asegurar la parálisis política.

Muchas ciudades de EE. UU. han «ratificado» por su cuenta el Protocolo de Kioto y están aplicando estrategias políticas para reducir la contaminación asociada al calentamiento global por debajo de los niveles exigidos por el Protocolo.

ARKANSAS
Fayetteville
Little Rock
North Little Rock

CALIFORNIA
Albany
Aliso Viejo
Arcata
Berkeley
Burbank
Capitola
Chino
Cloverdale
Cotati
Del Mar
Dublin
Fremont
Hayward
Healdsburg
Hemet
Irvine
Lakewood
Los Ángeles
Long Beach
Monterey Park
Morgan Hill
Novato
Oakland
Palo Alto
Petaluma
Pleasanton
Richmond
Rohnert Park
Sacramento
San Bruno
San Francisco
San Luis Obispo
San José
San Leandro
San Mateo
Santa Bárbara
Santa Cruz
Santa Mónica
Santa Rosa
Sebastopol
Sonoma
Stockton
Sunnyvale
Thousand Oaks
Vallejo
West Hollywood
Windsor

CAROLINA DEL NORTE
Asheville
Chapel Hill
Durham

CAROLINA DEL SUR
Charleston
Sumter

COLORADO
Aspen
Boulder
Denver
Telluride

CONNECTICUT
Bridgeport
Easton
Fairfield
Hamden
Mansfield
Middletown
New Haven
Stamford

DELAWARE
Wilmington

FLORIDA
Gainesville
Hallandale Beach
Holly Hill
Hollywood
Key Biscayne
Key West
Lauderhill
Miami
Miramar
Pembroke Pines
Pompano Beach
Port St. Lucie
Sunrise
Tallahassee
Tamarac
West Palm Beach

GEORGIA
Atlanta
Athens
East Point
Macon

HAWAI
Hilo
Honolulú
Kauai
Maui

ILLINOIS
Carol Stream
Chicago
Highland Park
Schaumburg
Waukegan

INDIANA
Columbus
Fort Wayne
Gary
Michigan City

IOWA
Des Moines

KANSAS
Lawrence
Topeka

KENTUCKY
Lexington
Louisville

LUISIANA
Alexandria
Nueva Orleans

MARYLAND
Annapolis
Baltimore
Chevy Chase

MASSACHUSETTS
Boston
Cambridge
Malden

edford
ewton
omerville
orcester

CHIGAN
n Arbor
and Rapids
outhfield

NNESOTA
ple Valley
uluth
den Prairie
inneapolis
aint Paul

SURI
ayton
orissant
ansas City
aplewood
aint Louis
unset Hills
niversity City

ONTANA
illings
issoula

EBRASKA
ellevue
ncoln
maha

EVADA
as Vegas

UEVA JERSEY
ayonne

Bloomfield
Brick Township
Elizabeth
Hamilton
Hightstown
Hope
Hopewell
Kearny
Newark
Plainfield
Robbinsville
Westfield

NUEVA YORK
Albany
Buffalo
Hempstead
Ithaca
Mount Vernon
Niagara Falls
Nueva York
Rochester
Rockville Centre
Schenectady
White Plains

NUEVO HAMPSHIRE
Keene
Manchester
Nashua

NUEVO MÉXICO
Albuquerque

OHIO
Brooklyn
Dayton

Garfield Heights
Middletown
Toledo

OKLAHOMA
Norman North

OREGÓN
Corvallis
Eugene
Lake Oswego
Portland

PENSILVANIA
Erie
Filadelfia

RHODE ISLAND
Pawtucket
Providence
Warwick

TEJAS
Arlington
Austin
Denton
Euless
Hurst
Laredo
McKinney

UTAH
Moab
Park City
Salt Lake City

VERMONT
Burlington

VIRGINIA
Alexandria

Charlotteville
Virginia Beach

WASHINGTON
Auburn
Bainbridge Island
Bellingham
Burien
Edmonds
Issaquah
Kirkland
Lacey
Lynnwood
Olympia
Redmond
Renton
Seattle
Tacoma
Vancouver

WASHINGTON, DC

WISCONSIN
Ashland
Greenfield
La Crosse
Madison
Racine
Washburn
Wauwatosa
West Allis

Pero ¿y qué hay del resto de nosotros?

En última instancia, la pregunta se reduce a lo siguiente: nosotros, los estadounidenses, ¿somos capaces de hacer grandes cosas, aun cuando puedan resultar difíciles?

¿Somos capaces de trascender nuestras limitaciones y ponernos de pie para asumir la responsabilidad de trazar nuestro propio destino?

Bien, la historia indica que sí tenemos esa capacidad.

Hicimos una revolución y fundamos una nueva nación, basada en la libertad y la dignidad individual.

Ganamos dos guerras contra el fascismo de manera simultánea, en el Atlántico y en el Pacífico, y después ganamos la paz que le siguió.

omamos la decisión moral de que la esclavitud estaba mal y que no podíamos ser la mitad libres y la mitad esclavos.

Reconocimos que las mujeres debían tener el derecho a votar.

emos curado aterradoras enfermedades omo la polio y el sarampión, y mejorado la calidad y extendido la duración de uestras vidas.

Hemos asumido el desafío moral de acabar con la segregación y hemos aprobado las leyes civiles para remediar las injusticias contra las minorías.

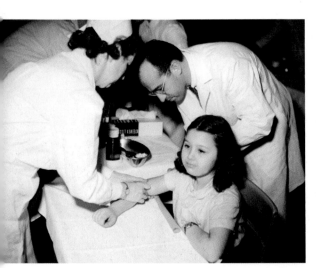

Llegamos a la Luna, uno de los ejemplos más inspiradores de lo que podemos hacer cuando nos lo proponemos.

EL ASTRONAUTA DEL APOLO 11 BUZZ ALDRIN EN LA LUNA, 1969.

Hasta hemos resuelto una crisis ambiental mundial anteriormente. Se decía que el problema del agujero en la capa estratosférica de ozono era insoluble, porque sus causas eran globales y la solución exigía la cooperación de todos los países del mundo. Pero EE. UU. asumió el liderazgo –con una base bipartita– con un presidente republicano y un Congreso demócrata.

Preparamos el borrador de un tratado, garantizamos un acuerdo mundial en torno a él y comenzamos a eliminar las sustancias que causaban el problema.

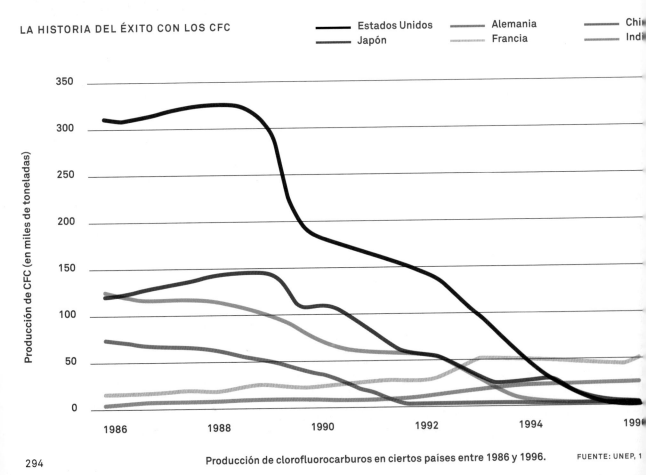

LA HISTORIA DEL ÉXITO CON LOS CFC

Estados Unidos — Japón — Alemania — Francia — Chi — Ind

Producción de CFC (en miles de toneladas)

350
300
250
200
150
100
50
0

1986   1988   1990   1992   1994   199

Producción de clorofluorocarburos en ciertos países entre 1986 y 1996.

FUENTE: UNEP, 1

Actualmente, en todo el mundo estamos ya inmersos en el proceso de resolver la crisis de la capa de ozono.

EL RESTABLECIMIENTO DE LA CAPA DE OZONO

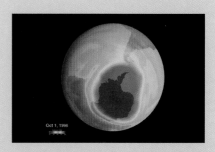

Oct 1, 1996

Había una vez un frigorífico que podía matarle. Los primeros modelos utilizaban gases tóxicos y explosivos para mantener fría la comida. Pero luego, en 1927, el químico Tomas Midgley inventó los clorofluorocarburos –o CFC– para reemplazar esos gases. Promocionados como una innovación, los CFC revolucionaron la refrigeración y, en su momento, esta familia de sustancias aparentemente inofensivas fue abriéndose camino hacia todo tipo de productos. Viendo los resultados, los consumidores deberían haber sospechado algo: Midgley ya se había hecho famoso anteriormente por la creación de la gasolina con plomo.

Hacia 1974, se habían vendido millones de refrigeradores con CFC en su interior en todo el mundo. Entonces dos científicos comenzaron a observar con mayor detalle cuál era su impacto. El Dr. F. Sherwood Rowland y el Dr. Mario Molina propusieron la teoría de que, al elevarse hacia la parte superior de la atmósfera, las moléculas de estas sustancias eran disgregadas por el Sol, lo que causaba la liberación de cloro en la capa de ozono e iniciaba una peligrosa reacción en cadena.

El ozono es una simple combinación de tres moléculas de oxígeno que, cuando está en la estratosfera de la Tierra, nos protege de los rayos más peligrosos del Sol.

Rowland y Molina suponían que el cloro se mezclaba con el ozono en la superficie de las partículas de hielo de la estratosfera y que, cuando la luz del Sol incidía sobre ellas, el cloro corroía esta frágil piel protectora, dejando pasar libremente los rayos ultravioletas del sol a través de la atmósfera y dañando con ello la salud de plantas y animales, causando cáncer de piel y hasta constituyéndose como una amenaza para nuestra vista.

Estos científicos, junto con Paul Crutzen, compartieron el Premio Nobel, en 1995, por su trabajo en química atmosférica. Y lo que es más importante todavía, hicieron sonar las alarmas con respecto a la disminución del ozono. Al comienzo, únicamente algunos ambientalistas y químicos atmosféricos habían prestado atención al asunto, pero Rowland y Molina continuaron haciendo nuevos descubrimientos y refinando sus predicciones. En 1984, se descubrió un gran agujero en la capa de ozono ubicado sobre la Antártida, tal como los científicos habían predicho.

Eso puso a la gente a trabajar. En 1987, veintisiete países firmaron el Protocolo de Montreal, el primer acuerdo global para regular los CFC. Con la mejora de la ciencia, más y más países se han agregado a la lista. El último recuento daba ciento ochenta y tres. Y cada vez que se reúnen su lenguaje y

sus exigencias se fortalecen. El exsecretario general de las Naciones Unidas, Kofi Annan, dijo que el Protocolo de Montreal es «posiblemente el acuerdo internacional más exitoso hasta la fecha». El impacto es concreto: desde 1987, los niveles de los CFC y los compuestos relacionados se han estabilizado o han declinado. Y si bien la completa recuperación de la capa de ozono tomará más tiempo del que pensamos en un principio, nuestros esfuerzos al respecto constituyen un importante paso hacia delante.

Controlar los gases invernadero será más difícil, porque el dióxido de carbono –el principal causante del efecto invernadero– está más relacionado, de un modo más estrecho, con la economía global de lo que los CFC lo han estado jamás. Modificar los métodos de nuestras industrias y cambiar nuestros hábitos personales constituirá un desafío. Pero nuestra experiencia con la capa de ozono muestra que las personas de todo el mundo podemos trabajar juntas para corregir nuestros errores, a pesar de nuestros intereses políticos y económicos, frecuentemente en conflicto. Hoy en día, cuando la crisis del CO_2 nos une, debemos recordar la lección de la batalla de los CFC: que la actitud sosegada y el pensamiento claro pueden triunfar y modificar para bien el curso del cambio ambiental.

Ahora depende de nosotros utilizar nuestra democracia y la capacidad de razonar unos con otros acerca de nuestro futuro y la facultad de tomar decisiones morales que Dios nos ha dado para cambiar la política y los comportamientos que, de continuar, dejarían un planeta degradado, empequeñecido y hostil a nuestros hijos y nietos... y a toda la humanidad.

Tenemos que escoger algo diferente: hacer del siglo XXI un tiempo de renovación. Aprovechando la oportunidad que esta crisis encierra podemos liberar la creatividad, la innovación y la inspiración que son parte de nuestra herencia tanto como lo es nuestra vulnerabilidad a la codicia y la mezquindad. La decisión es nuestra. La responsabilidad es nuestra. El futuro es nuestro.

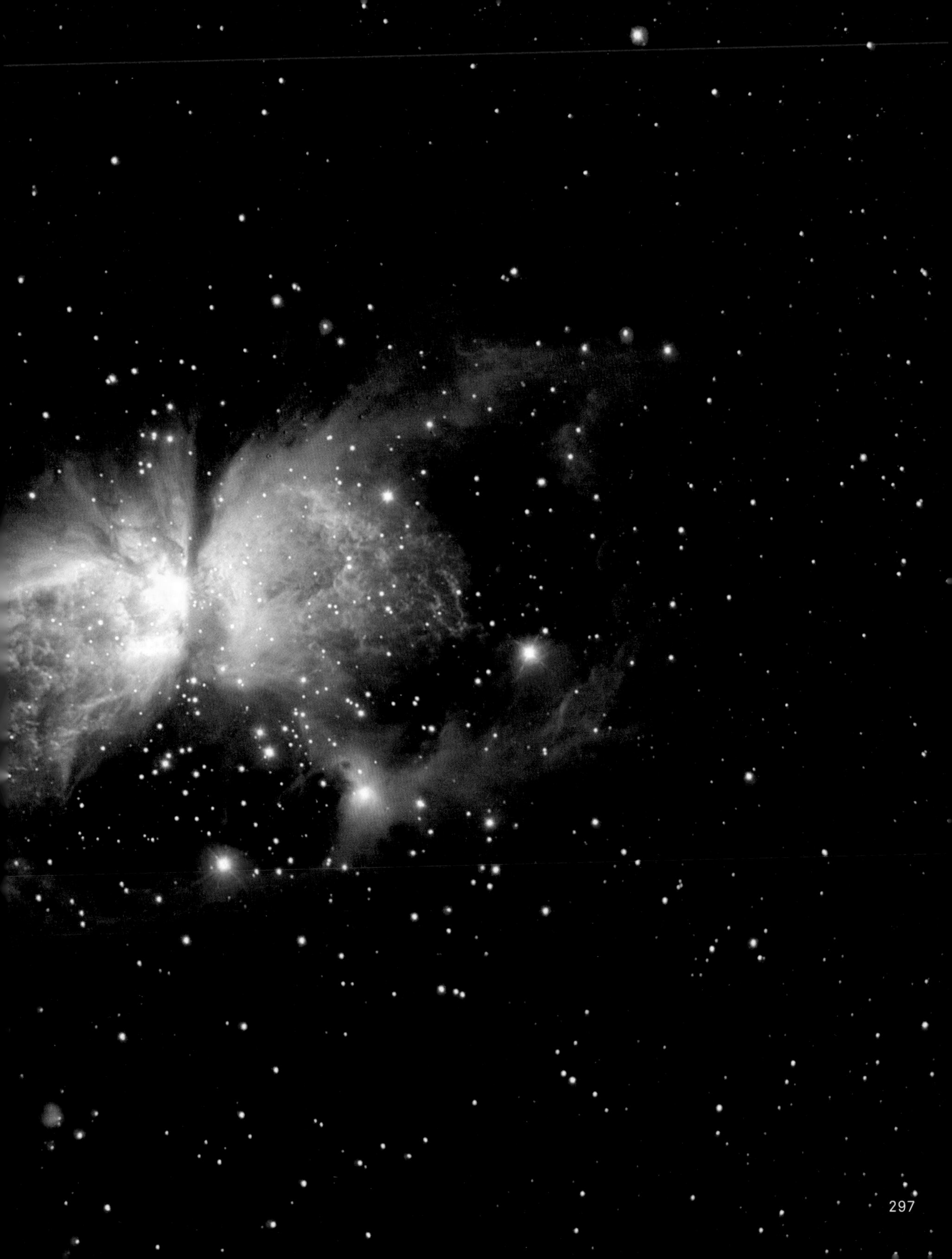

Una de las naves espaciales robotizadas que EE. UU. lanzó hace unos años para explorar el universo tomó una fotografía en el momento en que abandonaba la gravedad terrestre, una fotografía de nuestro planeta girando lentamente en el vacío. Años más tarde, cuando la misma nave espacial había viajado 6.500 millones de kilómetros fuera de nuestro sistema solar, el más tarde fallecido Carl Sagan sugirió a la NASA que enviara una señal ordenando a la nave que dirigiera sus cámaras hacia la Tierra una vez más y, desde esa inimaginable distancia, tomara otra fotografía de la Tierra. Ésta es la fotografía que la nave nos envió. El punto azul pálido, visible en el centro de la banda de luz a la derecha, somos nosotros. Fue Sagan quien lo llamó «punto azul pálido» y señaló que todo lo que ha sucedido en la historia humana completa ha ocurrido en ese minúsculo píxel. Todos los triunfos y tragedias. Todas las guerras. Todas las hambrunas. Todos los grandes avances.

Es nuestro único hogar.

Y es lo que está en juego. Nuestra capacidad para vivir en el planeta Tierra, para tener un futuro como civilización. Creo que ésta es una cuestión moral

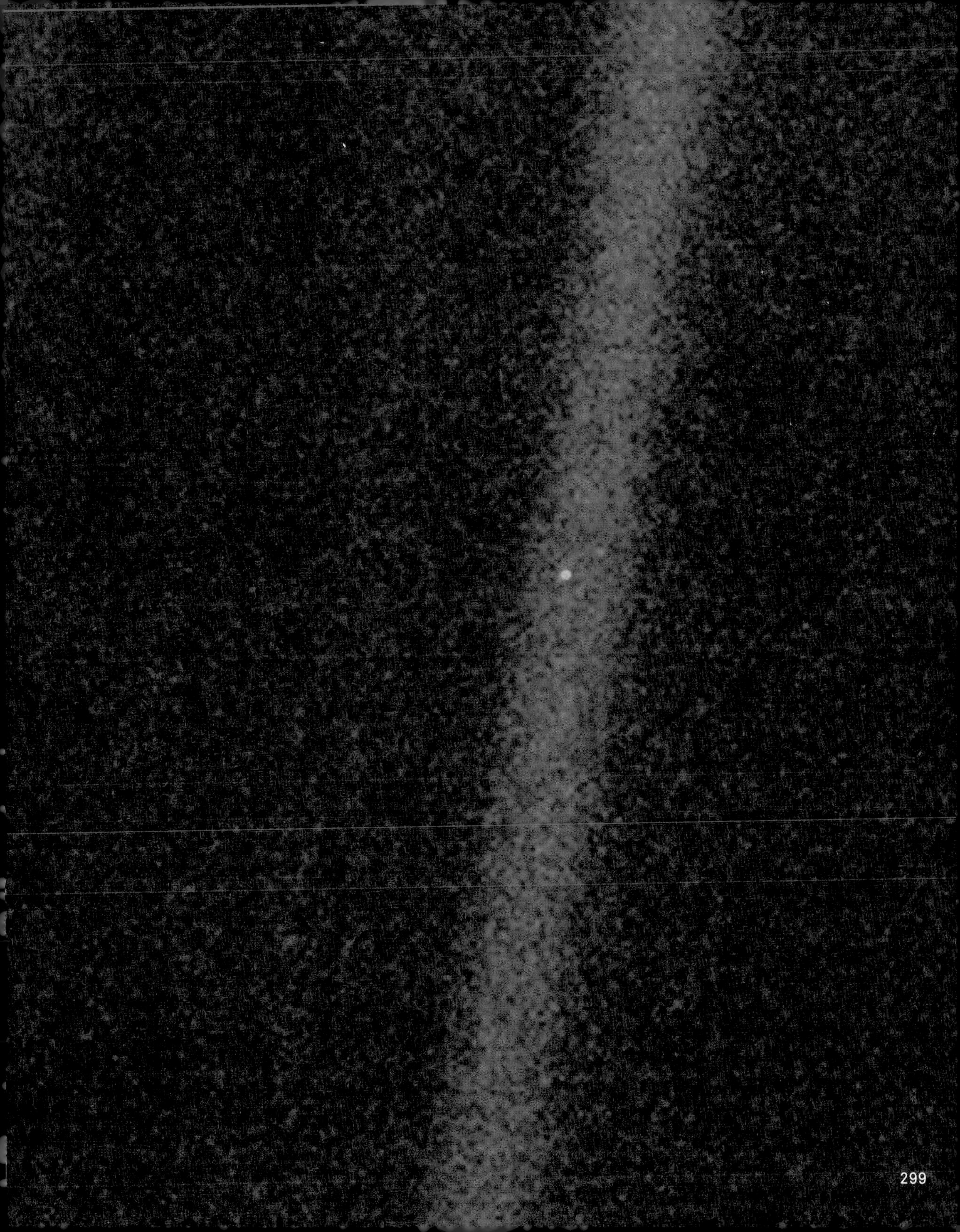

Es el momento de que nos pongamos de pie nuevamente, para asegurar nuestro futuro.

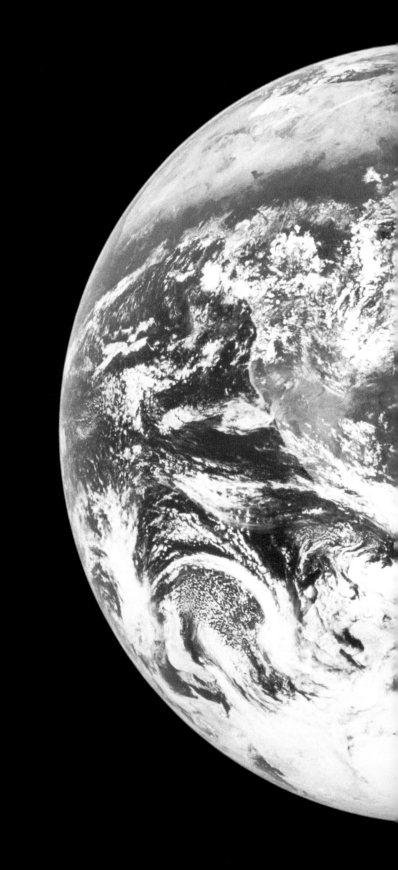

Pues bien, he aquí lo que usted personalmente puede hacer para ayudar a resolver la crisis climática:

Cuando se piensa en un problema tan enorme como el calentamiento global, es fácil sentirse superado e impotente, escéptico de que los esfuerzos individuales realmente puedan tener algún efecto. Pero es necesario que rechacemos esa reacción; la crisis se resolverá únicamente si asumimos nuestra responsabilidad como individuos. Instruyéndonos e instruyendo a otros, haciendo nuestra parte para minimizar nuestro uso y derroche de los recursos, haciéndonos más activos políticamente y exigiendo cambios; de estas maneras y de muchas otras, cada uno de nosotros puede contribuir a modificar la situación.

En las páginas siguientes el lector encontrará un conjunto de pasos prácticos que cualquiera puede seguir para reducir el impacto que tienen nuestras vidas tan «tecnologizadas» en el mundo natural. A medida que incorporemos estas sugerencias a nuestras vidas, podemos descubrir que no sólo estamos contribuyendo a una solución global, sino que también estamos mejorando nuestra existencia. En algunos casos, los beneficios son cuantificables: usar menos electricidad y combustible, por ejemplo, ahorra dinero. Más aún, caminar más o montar en bicicleta más a menudo mejoran nuestra salud; las dietas basadas en productos locales tienen mejor sabor y más poder nutritivo; respirar aire más limpio da energía y salud, y crear un mundo con un equilibrio natural reestablecido garantiza un futuro a nuestros hijos y nietos.

Una manera de comenzar a producir esos cambios es aprender cómo afecta el modo en que vivimos al medio ambiente global. Todos contribuimos al cambio climático a través de las decisiones que tomamos cotidianamente, desde la energía que utilizamos en casa hasta los automóviles que conducimos, desde los productos y servicios que consumimos hasta la estela de desechos que dejamos detrás de nosotros. El estadounidense medio es responsable de alrededor de 6.804 kilos de emisiones de dióxido de carbono al año. Este número per cápita es mayor que en cualquier otro país industrializado. De hecho, EE. UU. –un país con el 5% de la población mundial– produce cerca del 25% de las emisiones totales mundiales de gases invernadero.

Para calcular su impacto en el clima en términos de la cantidad total de gases invernadero que usted produce, puede visitar **www.climatecrisis.net**. Allí, con ayuda de un medidor de energía interactivo, usted puede calcular cuál es su impacto individual actual, su «huella de carbono». Esta herramienta también le ayudará a evaluar qué aspectos de su vida producen las mayores emisiones. Provisto de esta información, usted puede comenzar a actuar de manera efectiva y trabajar hacia una vida neutral en lo que respecta a la emisión de dióxido de carbono.

Ahorre energía en su hogar

Reduzca las emisiones asociadas a la utilización de energía en su hogar

Para la mayoría de los estadounidenses, las oportunidades más sencillas e inmediatas de reducir las emisiones pueden encontrarse directamente en sus propios hogares. La mayoría de las emisiones de gases invernadero que se originan en las casas son producto de la combustión de combustibles fósiles para generar electricidad o calor. Pueden hacerse muchas cosas para reducir estas emisiones. Con un acto tan simple como cambiar unas pocas bombillas eléctricas, usted puede dar el primer paso importante hacia la reducción de su consumo de energía.

Ahorrar energía no es algo bueno únicamente en relación con la crisis climática, también puede traducirse en un ahorro real. Escoger alternativas energéticamente eficientes para el hogar puede ayudar a que las familias reduzcan sus facturas hasta en un tercio, a la vez que reducen las emisiones de gases invernadero en una proporción similar. Si bien muchas acciones se pueden realizar sin costo o con un costo muy bajo, otras pueden exigir una pequeña inversión que se amortizará por sí misma al reducir los montos de las facturas por el gasto de energía. He aquí algunas maneras específicas de ahorrar energía en casa.

Escoja una iluminación energéticamente eficiente

La iluminación supone un quinto de toda la electricidad consumida en EE. UU. Una de las maneras más sencillas y baratas de reducir su uso de energía, sus costos y las emisiones de gases invernadero, es reemplazar las bombillas corrientes de filamento incandescente que hay en su casa por

la supereficientes lámparas de bajo consumo. Las lámparas de bajo consumo se ajustan perfectamente a la mayoría de las instalaciones de la vivienda y difunden la misma cálida luz, pero son mucho más eficientes energéticamente.

Las bombillas incandescentes convencionales que la mayoría de los consumidores utiliza en sus hogares son

altamente ineficientes desde el punto de vista energético. Solamente el 10% de la energía que consumen produce luz, mientras que el 90% de ella se pierde en forma de calor. Si bien las lámparas de bajo consumo son más caras, su duración llega a las 10.000 horas –10 veces más que las bombillas incandescentes– y utilizan un 66% menos de energía.

todas las viviendas de EE. UU. emplazaran nada más que una sola bombilla convencional por una lámpara de bajo consumo, eso tendría el mismo efecto sobre los niveles de contaminación que quitar un millón de automóviles de las carreteras del país.

Para comprar *online* **lámparas de bajo consumo, visite www.efi.org o bien www. elico.com./saveenergy/**

escoja aparatos que ahorren energía cuando realice nuevas compras

Una de las oportunidades más importantes que los consumidores tienen para mejorar la eficiencia energética en el hogar se halla en la selección de los grandes aparatos, tales como acondicionadores de aire, hornos, calentadores de agua y frigoríficos. Escoger aquellos modelos que han sido diseñados para utilizar la energía de manera eficiente, en el tiempo, le ahorrará dinero y reducirá las emisiones de gases invernadero.

El sitio *web* del programa Energy Star de la Agencia de Protección Ambiental de EE. UU. ofrece información útil que ayuda a los consumidores en sus decisiones.

Por información acerca de los más novedosos aparatos energéticamente eficientes, visite www.energystar.gov/ products

Opere y mantenga de manera adecuada sus aparatos

Si bien la compra de aparatos de bajo consumo es un buen primer paso para ayudar a reducir sus emisiones de gases invernadero de largo plazo, también puede mejorar la eficiencia energética de sus aparatos más antiguos. Por ejemplo, los frigoríficos no deben colocarse cerca de fuentes de calor tales como hornos, lavavajillas y radiadores que los obliguen a utilizar más energía para mantener baja la temperatura. El condensador térmico del refrigerador debe mantenerse limpio de polvo para garantizar el libre flujo del aire a través del radiador de la unidad. Todos los filtros del aparato deben limpiarse o reemplazarse regularmente.

Otro consejo para ahorrar energía: en lugar de hacer lavados frecuentes y con cargas parciales en su lavavajillas o en la lavadora, ahorre energía haciéndolos siempre con carga completa. Cuando tenga tiempo, lave su vajilla a mano y, para secar su ropa, utilice un colgador en lugar de la secadora.

▶ **El Consejo Estadounidense por una Economía Energéticamente Eficiente tiene una lista para orientar en el ahorro de energía en el hogar, lo que incluye cómo utilizar los aparatos. También dispone de una amplia sección de Preguntas Más Frecuentes y ofrece un libro que usted puede encargar para una explicación más completa. Visite http://aceee.org/ consumerguide/chklist.htm**

Para más consejos, visite http://eartheasy. com/live_energyeffic_appl.htm

Caliente y enfríe su casa de manera eficiente

La calefacción y el aire acondicionado de su casa pueden ocasionar un gran consumo de energía, que comprende, habitualmente, el 45% del gasto total de energía de la vivienda. Preste atención a cuán alta o cuán baja está la temperatura del termostato, evitando el innecesario calentamiento o enfriamiento de la casa. Bajar la calefacción sólo unos pocos grados en el invierno y elevar la temperatura en el termostato del aire acondicionado un par de grados en el verano pueden constituir, con el tiempo, un auténtico ahorro de energía. Y utilizar un termostato programable le permite a usted ajustar las temperaturas de manera automática, mientras duerme o trabaja, por ejemplo. A la vez, cuando sea posible, instale un «medidor inteligente» y explore los sistemas de cogeneración de calefacción y electricidad.

Aísle su casa

Aislar adecuadamente su casa puede ahorrarle dinero por medio de la eliminación de las pérdidas de energía que aumentan sus necesidades de calefacción o aire acondicionado. Una casa sin aislamiento adecuado deja escapar el aire caliente en invierno y permite que el aire frío escape en verano, lo cual aumenta la presión sobre los sistemas de calefacción y enfriamiento –con un consumo mayor de energía– para mantener la casa a una temperatura confortable.

Revise la casa en busca de fallos en el aislamiento de las ventanas y las puertas y séllelas con sellador instantáneo o bien considere la instalación de ventanas que brinden un mayor aislamiento. Asegúrese de sellar todas las tuberías y respiraderos del desván. Aísle su calentador y sus tuberías de agua caliente para mantener el calor en el agua, que es donde debe estar.

▶ **Para información específica, visite www. simplyinsulate.com**

▶ **La lista de Diez Maneras Sencillas de Bajar los Costos de la Energía, de la Federación de Consumidores de EE. UU., incluye estas y otras sugerencias para reducir sus emisiones de gases invernadero. Visite www. buyenergyefficient.org**

Realice una revisión de energía en su hogar

Realizar una amplia revisión de energía puede ayudar a identificar las áreas de su hogar que están consumiendo la mayor parte de la energía. Para una herramienta informativa del tipo «hágalo usted mismo» y realizar su propia revisión, visite **www.energyguide.com**. Este sitio le llevará por una evaluación paso a paso de su hogar, teniendo en cuenta la estructura de su casa o apartamento, el número de habitaciones, el tipo de sistema de calefacción, etc. Utilizando estos datos, la guía ofrece

sugerencias individualizadas sobre el modo de reducir el consumo de energía y, a la vez, provee herramientas para calcular la cantidad de energía potencial ahorrada con cada acción específica. La vivienda típica gasta de media 1.500 dólares al año en energía y puede ahorrar hasta 450 dólares o incluso más implantando algunas sencillas medidas de consumo eficiente. También hay revisores profesionales de la energía de los hogares que pueden realizarle un completo examen de la eficiencia de consumo energético de su hogar.

▶ **Para encontrar un especialista en energía en su área, contacte a su proveedor de energía o a la oficina de energía estatal, o visite www.natresnet.org/directory/rater_ directory.asp#Search**

Conserve el agua caliente

Calentar el agua es una de las actividades que consume mayor energía en la vivienda. Usted puede disminuir el consumo de energía fijando la temperatura en no más de 49 ºC.

También puede ahorrar agua caliente tomando una ducha en lugar de un

Las 10 ideas equivocadas más comunes acerca del calentamiento global

IDEA EQUIVOCADA 1

«Los científicos no están de acuerdo acerca de si son los seres humanos los que están haciendo que el clima de la Tierra cambie.»

De hecho, hay un sólido consenso científico acerca de que las actividades humanas están cambiando el clima de la Tierra. Los científicos están completamente de acuerdo en que la temperatura de la Tierra se está elevando, que esta tendencia es causada por las personas y que si continuamos bombeando gases invernadero a la atmósfera el calentamiento será cada vez más perjudicial.

ño de inmersión e instalando
cachofas de ducha con limitadores
 caudal.

nsidere las necesidades de agua de
ectrodomésticos como los lavavajillas
as lavadoras, ya que unos consumen
enos agua que otros. Por ejemplo, las
vadoras de carga frontal son mucho
ás eficientes que las de carga superior.
var la ropa con agua tibia o fría, en
gar de hacerlo con agua caliente,
mbién puede significar un gran ahorro
 energía.

educa el gasto de los
aratos en espera (*stand-by*)

uchos artefactos –incluyendo
evisores, reproductores de DVD,
rgadores de teléfonos móviles y
alquier otro aparato que posea un
ando a distancia, un cargador de
terías, una memoria interna, un
chufe adaptador de electricidad, una
ntalla permanente o un sensor–
lizan electricidad aun cuando están
pagados». De hecho, el 25% de la
ergía que consume un televisor se
liza cuando ni siquiera está encendi-
. La única manera de estar seguro de
e su aparato no está consumiendo
ctricidad es desenchufarlo o enchu-
lo a un alargador de varias tomas que
eda apagarse por medio de un
erruptor. (Estos alargadores consu-
n una pequeña cantidad de energía,
ro mucho menos que la fuga eléctrica
atasma que se pierde cuando los

«Hay muchos factores que pueden afectar el clima, por lo que no hay razón para preocuparnos tanto por el CO_2.»

El clima es sensible a muchas cosas, aparte del dióxido de carbono: las manchas solares son un ejemplo y el vapor de agua otro. Pero esto sólo demuestra cuánto tenemos que preocuparnos por el CO_2 y otros gases invernadero influidos por las actividades humanas. El hecho de que se haya demostrado que el sistema climático es sensible a muchos tipos de cambios naturales a lo largo de la historia debería servir como una señal de advertencia: necesitamos prestar mucha atención a los cambios masivos y sin precedentes que estamos causando. Nos hemos vuelto más poderosos que cualquier fuerza de la naturaleza.

aparatos están enchufados directamente a la red.)

▶ **Para más información acerca de la energía utilizada por los aparatos en espera, visite www.standby.lbl.gov/index. html, y www.powerint.com/greenroom/ faqs/htm**

Aumente la eficiencia de su oficina en casa

Los ordenadores de bajo consumo están provistos de un mecanismo de control de energía que, cuando se activa, hace que el ordenador pase a modo de bajo consumo. Puesto que, habitualmente, los ordenadores se dejan encendidos aun cuando no están siendo utilizados, la activación del mecanismo de control de la energía puede ahorrar un 70% de la energía normalmente utilizada por el ordenador.

Sea consciente, también, de que los ordenadores portátiles son un 90% más eficientes en su consumo que los modelos de sobremesa. Las impreso-ras de chorro de tinta consumen 90% menos energía que las impresoras láser y la impresión en colores requiere más energía que la impresión en blanco y negro. Cuando sea posible, escoja aparatos multifunción que impriman, envíen y reciban faxes, fotocopien y escaneen, ya que estos consumen menos energía de la que gastarían las máquinas individuales.

▶ **Para más información sobre ordenadores, impresoras y otros equipos de oficina que cumplan la norma Energy Star, visite www. energystar.gov/index.cfm?c=equip.pr_ office_equipment**

Pásese a la energía verde

Si bien la mayor parte de la energía de EE. UU. proviene de los combustibles fósiles, cada vez más personas están eligiendo utilizar energía generada por fuentes más limpias, tales como el sol, el viento, el calor de la Tierra o la combustión de biomasa.

▶ **Para más información acerca de estas diversas fuentes alternativas de energía, visite www.eere.energy.gov/consumer/ renewable_energy**

De hecho, la electricidad proveniente del sol y del viento se encuentra entre las fuentes de energía que más rápido están creciendo tanto en EE. UU. como en el resto del mundo.

▶ **Para más información sobre la energía solar, visite www.ases.org/, y para la energía eólica, visite www.awea.org.**

Hay diversas maneras de participar de este cambio hacia las energías renovables. Muchas personas han comenzado a producir su propia electricidad a través de la instalación de células fotovoltaicas solares, aerogeneradores o bombas de calor geotérmicas en su casa. Se estima que más de 150.000 viviendas ya son autosuficientes en lo que respecta a la energía y están completamente fuera de la red eléctrica. Muchas más casas han reducido su dependencia de la red eléctrica pública, utilizándola únicamente para complementar la energía renovable que generan por sí mismas.

En algunos estados, las viviendas que producen más electricidad de la que necesitan para su funcionamiento pueden vender el sobrante a la red pública. Esto se llama «medición de dos vías» [*two way metering*] o «medición neta» [*net metering*]. De esta manera, los individuos no solo pueden reducir sus propias emisiones de dióxido de carbono, sino también suministrar energía limpia a la red pública.

▶ **Para más información acerca de la medición neta, visite www.awea.org/faq/ netbdef.html**

Muchos gobiernos estatales y locales, y algunas compañías eléctricas, ofrecen créditos de impuestos personales o subsidios para proyectos de energía renovable.

▶ **Para más información, visite la Base de Datos de Incentivos Estatales para la Energía Renovable: www.dsireusa.org**

Para aquellos que no están en condiciones de instalar sus propios sistemas de energía renovable, hay otra manera de participar en el cambio hacia la energía verde. En muchas regiones, los consumidores de ciertas compañías pueden escoger contratos para recibir energía de fuentes más compatibles con el cuidado del medio ambiente. Puede haber un pequeño costo añadido por la energía verde, pero en general la cantidad es despreciable y probablemente disminuya a medida que más consumidores se decidan por esta opción.

▶ **Para más información, visite www.epa/g● greenpower o www.eere.energy.gov/ greenpower**

Si la energía verde no se halla disponib● a través de su compañía eléctrica, tien● la opción de comprar Bonos Comerciables de Energía Renovable para compensar su consumo de energ●

▶ **Para más información, visite www.green-e.org**

Transpórtese por menos

Reduzca las emisiones de los automóviles y otras formas de transporte

Casi un tercio del CO_2 producido en EE.UU. proviene de los automóviles, camiones, aviones y otros vehículos que nos transportan de un lugar a otro o se utilizan en el curso de la producción y distribución de bienes y servicios que consumimos. Más del 90% de este transporte se hace por medio de automóviles, lo que significa que los estándares de economía de combustible son de suma importancia. En realidad, la eficiencia promedio del uso de gasolina en los vehículos de pasajeros ha declinado en la última década, en gran medida causa del aumento de la popularidad de los vehículos deportivos utilitarios (SUV, según sus siglas en inglés) y las camionetas. Es de esperar que las nuevas normativas –que imponen estándares más restrictivos a este tipo de vehículos– reviertan esta tendencia y que las futuras innovaciones en la economía de la gasolina, los combustibles alternativos y las tecnologías híbridas ofrezcan opciones más compatibles con el cuidado del medio ambiente. He aquí algunas soluciones que están en el horizonte, así como unas pocas cosas que, mientras tanto, usted puede hacer para reducir las emisiones de dióxido de carbono que produce en cada viaje.

Reduzca el número de kilómetros que conduce caminando, montando en bicicleta, compartiendo coche o aprovechando el transporte público siempre que le sea posible.

En EE.UU., el coche promedio libera alrededor de 300 gramos de dióxido de carbono por cada kilómetro recorrido. Si usted redujera la utilización de su automóvil en unos 30 kilómetros por semana, nada menos, eliminaría alrededor de media tonelada de dióxido de carbono al año.

▶ Para consejos acerca de cómo presionar para obtener mejores condiciones para los peatones, visite www.americawalks.org, y para mejores condiciones para los ciclistas, visite www.bikeleague.org

▶ Usted dispone de un servicio nacional gratuito para ayudarle a coordinar sus viajes con otros viajeros. Por más información, visite www.erideshare.com

▶ Para más información sobre cómo utilizar y apoyar la expansión del transporte público, visite www.publictransportation.org

Conduzca con mayor inteligencia

Algunos cambios sencillos en sus hábitos de conducción pueden mejorar la eficiencia de consumo de su vehículo y reducir las emisiones de gases invernadero cuando conducir sea necesario. Evite viajar en horas punta, si le es posible. Perderá menos tiempo en las congestiones de tráfico y su vehículo consumirá menos combustible. Respete los límites de velocidad y no solamente por razones de seguridad: la economía de consumo de un coche cae abruptamente a velocidades superiores a los 90 kilómetros por hora. Evite dejar encendido el motor innecesariamente y mantenga su automóvil en buenas condiciones. El mantenimiento regular mejora el funcionamiento del coche y reduce sus emisiones. Y planifique de antemano y combine los viajes cortos en uno solo más largo tanto como le sea posible.

▶ **Para información específica acerca de la maximización de la eficiencia de consumo de su automóvil, consulte www. fueleconomy.gov/feg/driveHabits.shtml**

Compre su próximo vehículo de manera eficiente

Los recientes incrementos en el precio de la gasolina han aumentado el interés en la eficiencia de consumo de nuestros automóviles. Conducir un coche que hace más kilómetros por litro no sólo le ahorrará dinero en la gasolinera, también reducirá las emisiones de dióxido de carbono cuando conduce. Cada litro de gasolina que se quema añade unos dos kilos y medio de dióxido de carbono a la atmósfera. De ese modo, un vehículo que hace 10,7 kilómetros por litro, en lugar de 8,5 kilómetros por litro produce unas seis toneladas menos de

dióxido de carbono en sus primeros 100.000 kilómetros. No es necesario sacrificar el confort para mejorar la economía del combustible.

▶ **Puede consultar las estimaciones de eficiencia de consumo de la mayoría de lo automóviles en la Guía Online del Vehícul Verde del Departamento de Energía de EE.UU.: www.epa.gov/autoemissions, o bi www.fueleconomy.gov**

Híbridos

Los coches híbridos funcionan con una mezcla de gasolina y electricidad, y puesto que la batería se carga mientra usted conduce, nunca hay que recarga Dado que el motor eléctrico asiste al motor de combustión ordinario, los híbridos consumen mucha menos gasolina y son mucho más limpios para medio ambiente. Algunos automóviles híbridos pueden hacer hasta 21 kilóme tros por litro. La demanda de estos vehículos ha aumentado a un ritmo vertiginoso y ya hay disponibles, o pron lo estarán, muchos modelos nuevos, incluyendo berlinas de tres (tipo sedár dos (*hatchback*) volúmenes, vehículos deportivos utilitarios y camionetas.

▶ **Para más información sobre cómo funcionan los híbridos y comparar modelo visite www.hybridcars.com**

Combustibles alternativos

«El combustible del futuro provendrá d frutas como ese zumaque que está jur al camino o de manzanas, hierbas, aserrín... de casi cualquier cosa. Hay combustible en cada pedacito de mate

---

IDEA EQUIVOCADA 3

«El clima varía naturalmente en el curso del tiempo, por lo que cualquier cambio que veamos ahora es solamente una etapa de un ciclo natural.»

Sí, el clima cambia naturalmente. A través del estudio de los anillos de los árboles, los sedimentos de los lagos, los núcleos de hielo y otras características naturales que proveen un registro de los climas del pasado, los científicos saben que ha habido modificaciones climáticas, incluyendo cambios abruptos, en el curso de la historia. Pero estos cambios tuvieron lugar con variaciones naturales de los niveles de dióxido de carbono, las cuales eran menores que las que nosotros estamos causando actualmente. Los núcleos de hielo extraídos a gran profundidad en la Antártida muestran que los niveles de dióxido de carbono de la actualidad son mayores de lo que lo han sido en los últimos 650.000 años, lo cual significa que nos hallamos fuera del ámbito de la variación natural. Más CO2 en la atmósfera implica temperaturas más elevadas.

getal que pueda fermentarse. En el
oducto anual de un acre de patatas hay
ficiente alcohol como para impulsar la
aquinaria requerida para cultivar los
mpos durante un periodo de cien
os.» Henry Ford dijo estas proféticas
labras en 1925. Noventa años después
demos ver la aplicación de esas
novaciones, incluyendo el uso de
ersos biocombustibles derivados de
teriales vegetales renovables, entre
s el maíz, la madera y la soja. Los
mbustibles renovables más común-
nte utilizados actualmente son el
diesel y el etanol.

**ara más información específica acerca de
os y otros combustibles alternativos,
te el Centro de Datos sobre Combustibles
ernativos del Departamento de Energía
EE.UU.: www.afdc.doe.gov/advanced_cgi.
ml**

hículos de pila de
mbustible

a pila de combustible de hidrógeno es
dispositivo que convierte o bien
rógeno puro o bien combustible rico
hidrógeno directamente en energía.
s automóviles propulsados por pilas
combustible pueden ser dos veces
s eficientes que los vehículos
nvencionales de tamaño similar o aún
s, a medida que las nuevas tecnolo-
s elevan la eficiencia. Un vehículo de
a de combustible que utiliza hidróge-
ouro no produce contaminantes:
amente agua y calor. Estos vehículos,
ien resultan emocionantes, todavía
án a varios años de distancia de
eder al mercado masivo.

IDEA EQUIVOCADA 4

«El agujero de la capa de ozono es la causa del calentamiento global.»

Hay una relación entre el cambio climático y el agujero de la capa de ozono, pero no es esa. El agujero de la capa de ozono –una parte de la atmósfera superior que contiene elevadas concentraciones del gas ozono y protege el planeta de la radiación del Sol– es producto de sustancias artificiales llamadas CFC, las cuales fueron prohibidas por un tratado internacional llamado Protocolo de Montreal. El agujero hace que una cantidad mayor de radiación UV llegue a la superficie de la Tierra, pero no afecta su temperatura.

La única conexión entre la capa de ozono y el cambio climático es casi exactamente la opuesta a la propuesta por el mito consignado más arriba. En realidad, el calentamiento global –si bien no es el responsable del agujero en la capa de ozono– podría ralentizar la reparación natural de la capa de ozono. El calentamiento global calienta la zona inferior de la atmósfera, pero en realidad enfría la estratosfera, lo cual puede empeorar la pérdida estratosférica de ozono.

▶ **Para saber más acerca de la tecnología de celdas de combustible, visite www. fueleconomy.gov/feg/fuelcell.shtml**

Trabaje desde casa

Otra manera de reducir el número de kilómetros que usted conduce es el trabajo a distancia. Pasará menos tiempo montado en su vehículo, gastará menos energía y, al mismo tiempo, podrá dedicar más tiempo a sus negocios.

▶ **Para más información acerca del teletrabajo, visite la Coalición del Teletrabajo: www.telcoa.org**

Reduzca los viajes aéreos

Volar es otro medio de transporte que produce grandes cantidades de dióxido de carbono. La reducción de la cantidad de viajes en avión, aun cuando solo sea un vuelo o dos menos al año, puede reducir de manera significativa las emisiones. Pase sus vacaciones más cerca de casa o viaje en tren, autobús, barco o incluso en automóvil. Desde el punto de vista del consumo de energía, los autobuses ofrecen el transporte más barato y más eficiente para largas distancias y los trenes son al menos dos veces más eficientes que los aviones. Si su viaje en avión es de negocios, considere si puede trabajar desde casa en lugar de volar. Si tiene que volar, considere comprar bonos de carbono para compensar las emisiones causadas por su viaje en avión.

▶ **Para encontrar ayuda en la planificación de un viaje verde y en la compra de bonos de carbono, visite www.betterworldclub.com/ travel/index.htm**

Consuma menos, conserve más

Reduzca emisiones consumiendo menos y utilizando con prudencia

En EE. UU., nos hemos acostumbrado a un ambiente de opulencia, con una enorme variedad de productos de consumo siempre disponibles y la constante incitación a comprar «más», «nuevo» y «mejorado». Esta cultura consumista se ha convertido en algo tan inherente a nuestra cosmovisión que hemos perdido de vista el enorme precio que le estamos imponiendo al mundo que nos rodea. Cultivando una nueva conciencia acerca de cómo afectan al medio ambiente nuestras decisiones de consumo y nuestro estilo de vida, podemos comenzar a realizar cambios positivos a fin de reducir nuestros efectos negativos. He aquí algunas ideas específicas acerca de cómo podemos conseguirlo.

Consuma menos

En la fabricación y el transporte de todo lo que compra se consume energía, lo que significa que hay emisiones provenientes de combustibles fósiles en cada etapa de la producción. Una buena manera de reducir la cantidad de energía que usted utiliza es, sencillamente, comprar menos. Antes de hacer una compra pregúntese si realmente necesita lo que va a adquirir. ¿Puede seguir adelante con lo que ya tiene? ¿Puede pedir prestado o alquilar? ¿Puede conseguirlo de segunda mano? Cada vez más estadounidenses están empezando a simplificar sus vidas y escogen reducir el consumo.

▶ Para ideas sobre cómo disminuir el consumo, visite www.newdream.org

Compre cosas que duren

«Reducir, reutilizar y reciclar» se ha transformado en el lema de un movimiento que crece, orientado a producir menos desechos y disminuir las emisiones comprando menos, escogiendo objetos duraderos en lugar de desechables, reparando en lugar de desechando y pasándoles a otros los objetos que ya no nos resultan necesarios y que ellos sí puedan utilizar.

▶ Para más información acerca de las tres R, visite www.epa.org.gov/msw/reduce.htm

▶ Para saber cómo encontrar un nuevo hogar para algo que usted ya no necesita, visite www.freecycle.org

«Precicle», reduzca los desechos antes de comprar

Los materiales de los envases desecha-dos constituyen hasta un tercio de los desechos que inundan nuestros vertederos. Cada año se consumen enormes cantidades de recursos naturales y combustibles fósiles para producir el papel, el plástico, el alumi... el vidrio y el aislante térmico de poliestireno que sostiene y contiene nuestras compras. Obviamente, es necesario algún tipo de envase o envoltorio para transportar y proteger los productos que utilizamos, pero demasiado a menudo los fabricantes añaden extraños envoltorios sobre los envoltorios y capas de plástico innece... sario. Usted puede hacerles saber a esas empresas que no está de acuerd... con tales excesos boicoteando sus productos. Dé preferencia a aquellos productos que utilizan envases recicla... dos o que no utilizan un exceso de envoltorios. Cuando le sea posible, compre a granel y busque cosas que

No derroche papel

La fabricación de papel es la cuarta
industria de mayor consumo de energía,
por no mencionar que es una de las más
contaminantes y destructivas para
nuestros bosques. Se necesita un
bosque entero –más de 500.000
árboles– cada semana, para proveer de
sus diarios dominicales a los estadounidenses. Además de reciclar su papel
usado, hay cosas que puede hacer para
reducir su consumo total de papel.
Restrinja su uso de toallas de papel y en
su lugar utilice trozos de tela. Use
servilletas de tela, en lugar de servilletas de papel. Use ambos lados del papel
siempre que le sea posible. Y detenga el
correo no deseado.

▶ **Para más información acerca de cómo
quitar su nombre de las listas de correo,
visite www.newdream.org/junkmail, o bien
www.dmaconsumers.org/offmailinglist.html**

Use bolsas de tela reutilizables
para sus compras

Los estadounidenses utilizamos
100.000 millones de bolsas cada año.
Una estimación sugiere que los habitantes de EE. UU. utilizan más de 12
millones de barriles de petróleo cada
año para producir, únicamente, las
bolsas de plástico que se usan en las
compras, que acaban en los vertederos
tras un único uso y que tardan siglos en
descomponerse. Las bolsas de papel

«No hay nada que podamos hacer con respecto al cambio global. Ya es demasiado tarde.»

Ésta es la peor de las ideas equivocadas. Si «la negación no es sólo una
operación lógica», la desazón no es sólo el sinsabor de la comida.* Hay muchas
cosas que podemos hacer, pero es necesario que empecemos ahora mismo. Ya
no podemos seguir ignorando las causas y efectos del cambio climático.
Necesitamos reducir nuestro uso de combustibles fósiles a través de una
combinación de iniciativas gubernamentales, innovaciones industriales y
acciones individuales. En esta guía se sugieren docenas de cosas que usted
puede hacer al respecto.

* Gore, en su frase *Despair ain't just a tire in the trunk*, también hace un juego de palabras
entre *despair*, «desesperación», y *the spare (tire)*, la rueda de recambio de los vehículos. La
traducción intenta mantener el doble sentido perseguido por Gore. *(N. del T.)*

...ngan en recipientes de vidrio recicla-
...s.

▶ **...ara más ideas acerca de cómo «preciclar»,
...ite www.environmentaldefense.org/article.
...m?contentid=2194**

...cicle

...mayoría de las comunidades ofrecen
...edios para la recolección y reciclado
... papel, vidrio, acero, aluminio y
...ástico. Si bien la recolección, trans-
...rte, separación, limpieza y reprocesa-
... de estos materiales requiere energía,
...ciclar consume mucha menos energía
... enviar materiales reciclables a los
...tederos y fabricar nuevo papel,
...ellas y latas a partir de materias

primas. Se ha sugerido que si 100.000
personas que actualmente no reciclan
comenzaran a hacerlo, reducirían
colectivamente las emisiones de dióxido
de carbono en 42.000 toneladas al año.
Como beneficio extra, el reciclado
reduce la contaminación y ahorra
recursos naturales, lo que incluye los
preciados árboles que absorben el
dióxido de carbono. Y, aparte de los
materiales habituales, algunas instalaciones están equipadas con lo necesario
para reciclar aceite de motor, neumáticos, refrigerantes y revestimiento
asfáltico, entre otros productos.

▶ **Para saber más sobre dónde puede reciclar
casi cualquier cosa en su zona, visite www.
earth911.org/master.asp?s=ls&a=**

también son un problema: para asegurarse de que son lo bastante fuertes como para resistir el peso cuando están llenas, la mayoría de las bolsas se hace con papel virgen, el cual requiere que se corten árboles que absorben dióxido de carbono. Se estima que se talan alrededor de 15 millones de árboles cada año para producir los 10.000 millones de bolsas de papel que se usan anualmente en EE.UU. Cuando vaya de compras, asegúrese de llevar con usted una bolsa reutilizable y la próxima vez que le pregunten: «¿Papel o plástico?», podrá decir: «Ninguno».

▶ **Para comprar bolsas reutilizables, saber más sobre las bolsas y averiguar acerca de las acciones que puede emprender en relación con ello, visite www.reusablebags.com**

Compost

Cuando se tiran los desechos orgánicos, tales como los restos de comida y las hojas muertas de los árboles, al recipiente de los residuos generales, esta materia acaba compactada en lo profundo de los vertederos. Sin oxígeno que la airee y contribuya a su descomposición natural, la materia orgánica fermenta y libera metano, el cual es el más potente de los gases invernadero; expresado en términos de calentamiento global, es veintitrés veces más potente que el dióxido de carbono. La materia orgánica que se degrada de este modo en los vertederos produce aproximadamente un tercio de las emisiones antropogénicas de metano de

EE.UU. En cambio, cuando los desechos orgánicos se transforman en compost adecuadamente en los jardines, producen ricos nutrientes que añaden energía y alimento al suelo, además de, por supuesto, disminuir el volumen de residuos en nuestros vertederos.

▶ **Para más información acerca de cómo transformar sus residuos orgánicos en compost, visite www.epa.gov/compost/**

index.htm, o bien www.mastercompost[e] com

Lleve su propia botella reutilizable para el agua y otra[s] bebidas

En lugar de comprar botellas de plásti[co] de un solo uso, cuya fabricación requi[ere] una importante cantidad de energía y recursos, compre un recipiente reutiliza[ble]

IDEA EQUIVOCADA 6

«Las barreras de hielo de la Antártida están creciendo, de tal modo que no debe de ser verdad que el calentamiento global esté haciendo que los glaciares y el hielo marino se fundan.»

Puede ser que, en algunas regiones antárticas, el hielo esté aumentando, pero en otras áreas del continente el hielo se está fundiendo y un nuevo estudio realizado en 2006 demuestra que, en total, el hielo de la Antártida está disminuyendo. Aun cuando una parte de los hielos esté aumentando y no reduciéndose, esto no cambia el hecho de que el calentamiento global esté causando la fusión de los glaciares y el hielo marino por todo el mundo. Globalmente, más del 85% de los glaciares se está reduciendo. Y, en todo caso, los efectos localizados del cambio climático no eliminan las tendencias globales que los científicos están observando.

Alguna gente, además, afirma equivocadamente (en la novela *Estado de miedo*, de Michael Crichton, por ejemplo) que en Groenlandia el hielo está aumentando. De hecho, los datos obtenidos recientemente mediante satélites por la NASA demuestran que el casquete de hielo de Groenlandia se reduce año tras año, lo que hace que suba el nivel del mar. La pérdida de hielo en Groenlandia se duplicó entre 1996 y 2005. La isla perdió 50 kilómetros cúbicos de hielo solo durante 2005.

e y llénelo usted mismo. Aparte de las
isiones que se liberan en la propia
bricación de las botellas, el agua
portada es particularmente ineficien-
desde el punto de vista energético,
esto que tiene que ser transportada
rgas distancias. Si le preocupa el
bor o la calidad del agua del grifo,
nsidere utilizar un purificador de agua
onómico o un filtro. También puede
mprar botellas grandes de zumo o
da y llenar su propio bidón reutilizable
da día. Utilizar su propia taza o termo
mbién podría ayudar a reducir los
.000 millones de tazas desechables
e los estadounidenses tiramos cada
o a la basura.

Para más información acerca de los
eneficios de utilizar recipientes
utilizables, visite www.grrn.org/beverage/
illables/index.html

odifique su dieta para que
cluya menos carne

s estadounidenses consumimos casi
cuarto de toda la carne que se
oduce en el mundo. Aparte de los
oblemas de salud asociados al
nsumo excesivo de carne, una dieta
n elevado contenido cárnico se
aduce en una tremenda cantidad de
isiones de dióxido de carbono. Se
cesita mucha más energía prove-
ente de combustibles fósiles para
oducir y transportar la carne que
ra hacer lo mismo con cantidades
uivalentes de proteínas provenientes
 los vegetales.

IDEA EQUIVOCADA 7

«El calentamiento global es beneficioso, ya que nos quitará de encima los gélidos inviernos y hará que las plantas crezcan más rápidamente.»

Este mito parece no morir jamás. Dado que los efectos locales variarán, es verdad que algunos lugares específicos podrán disfrutar de un clima invernal más agradable. Pero el impacto negativo del cambio climático supera enormemente cualquier beneficio local. Piénsese en los océanos, por ejemplo. Los cambios causados por el calentamiento global en los mares ya están causando la mortandad masiva de los arrecifes de coral, los cuales son unas fuentes de alimento y refugio esenciales para los seres vivos de todos los eslabones de la cadena alimentaria, hasta llegar a nosotros. El derretimiento de los hielos polares está haciendo que el nivel del mar se eleve y si se fundiera una placa de hielo de gran tamaño y el agua llegara al océano, se inundarían muchas ciudades costeras de todo el mundo y millones de personas se convertirían en refugiados. Éstas son solamente algunas de las consecuencias del calentamiento global. Otros efectos predichos incluyen prolongados periodos de sequía, inundaciones de mayor gravedad, tormentas de mayor intensidad, erosión del suelo, extinción en masa de especies y riesgos para la salud humana provenientes de nuevas enfermedades. El pequeño número de personas que disfrute de un tiempo más agradable, tal vez lo haga en un paisaje que resulte casi irreconocible.

Además, gran parte de la deforestación del mundo resulta de la tala y quema de bosques para crear más tierras de pastoreo para el ganado. Esto causa todavía más perjuicio, pues implica la destrucción de árboles que, de otro modo, absorberían dióxido de carbono. Por otra parte, las frutas, las verduras y los cereales consumen un 95% menos de materias primas en su producción y, cuando se los combina adecuadamente, pueden ofrecer una dieta completa y nutritiva. Si más estadounidenses cambiaran a una dieta con menor contenido de carne, podríamos reducir mucho las emisiones de CO_2, además de ahorrar vastas cantidades de agua y otros valiosos recursos naturales.

▶ **Para más información acerca del ganado vacuno y el calentamiento global, visite www.earthsave.org/globalwarming.htm y también www.epa.gov/methane/rlep/faq.html**

Compre productos locales

Además del cálculo del impacto ambiental que proviene de la fabricación del producto que usted está comprando, también deben calcularse los efectos del transporte de esos bienes sobre las emisiones de CO_2 en cada etapa de la cadena productiva. Se estima que el alimento viaja como promedio más de 2.000 kilómetros en camión, barco y/o avión antes de llegar a la mesa de su comedor. A menudo se consumen más calorías de energía proveniente de combustibles fósiles en llevar el alimento hasta el consumidor que las que el propio alimento proporciona en términos de energía nutritiva. Desde el punto de vista de la liberación de dióxido de carbono, es mucho más eficiente comprar comida que no tiene que hacer un viaje tan largo.

Una manera de afrontar este problema es comprar alimentos que se cultivan o producen cerca de donde usted vive. Siempre que le sea posible, haga sus compras en mercados locales o en cooperativas de agricultura sostenida por la comunidad. Del mismo modo, tiene sentido confeccionar su dieta, tanto como le sea posible, utilizando alimentos de temporada de su región, en lugar de otros que deben ser transportados desde lugares lejanos.

▶ **Para saber más acerca del consumo de alimentos locales y cómo luchar contra el calentamiento global con su cuchillo y su tenedor, visite www.climatebiz.com/sections/news_detail.cfm?NewsID=27338**

Compre bonos para neutralizar sus emisiones restantes

Son muchas las actividades que realizamos en nuestras vidas cotidianas –conducir, cocinar, calentar nuestros hogares, trabajar en nuestros ordenadores– que tienen como resultado emisiones de gases invernadero. Es prácticamente imposible eliminar nuestra contribución personal a la crisis climática reduciendo solamente nuestras emisiones. Usted, sin embargo, puede reducir su impacto a un equivalente de emisión cero comprando bonos de compensación de carbono.

Cuando compra bonos de carbono, financia proyectos que reducen las emisiones de gases invernadero en otros lugares; por ejemplo, aumentando la eficiencia energética, desarrollando energías renovables, restaurando bosques o aislando el dióxido de carbono del suelo.

▶ **Para más información y *links* a organizaciones de compensación de carbono específicas, visite www.NativeEnergy.com/climatecrisis**

IDEA EQUIVOCADA 8

«El calentamiento que los científicos han registrado no es más que el efecto del calor que atrapan las ciudades y nada tiene que ver con los gases invernadero.»

La gente que desea negar la realidad del calentamiento global porque es más fácil que enfrentarlo, afirma que eso que los científicos han observado es solo el efecto «isla de calor urbana», lo que quiere decir que las ciudades tienden a atrapar el calor a causa de los edificios y el asfalto. Esto es, sencillamente, erróneo. Por lo general, las mediciones de la temperatura se realizan en parques, que en realidad son áreas frescas dentro de las islas de calor urbanas. Y los registros de temperatura de largo plazo que muestran exclusivamente áreas rurales son prácticamente idénticos a los registros de temperatura de largo plazo que incluyen tanto zonas rurales como ciudades. La mayor parte de la investigación científica demuestra que las «islas de calor urbanas» tienen un efecto despreciable en el calentamiento total del planeta.

Sea un catalizador del cambio

uestras acciones para ayudar a resolver la crisis climática pueden [ir] mucho más allá del modo en que reducimos nuestras emisiones [p]ersonales. Si continuamos aprendiendo sobre el estado del medio [a]mbiente y lo que se está haciendo al respecto, podremos informar e [in]spirar a otros para que actúen. Podremos concienciar a nuestros [ve]cinos, compañeros de clase y de trabajo, y encontrar maneras de [ej]ecutar programas en estas y otras comunidades. Como ciudadanos [d]e una democracia, podemos apoyar a los candidatos que tienen una [hi]storia de responsabilidad ambiental y podemos ejercer nuestro [d]erecho a votar por líderes comprometidos con la sostenibilidad. [P]odemos hacer oír nuestra desaprobación cuando nuestros funcio-[n]arios elegidos llevan adelante políticas perjudiciales para el medio [a]mbiente y podemos presionar para brindar apoyo a aquellos progra-[m]as y acciones que hagan progresar la cooperación global en lo [co]ncerniente a este problema. Como consumidores, podemos utilizar [n]uestras compras y nuestro poder adquisitivo para enviar mensajes [d]e apoyo a aquellas corporaciones y comercios que muestren integri-[d]ad y liderazgo, así como mensajes de intolerancia a aquellos que [ex]hiben negligencia o negación.

[C]onozca más sobre el cambio [cl]imático

[Ha]y muchos sitios *web* que le brindarán [m]ás información acerca del cambio [cli]mático y el calentamiento global. [Al]gunos buenos sitios para comenzar [so]n éstos:

www.weathervane.rff.org
www.environment.policy.net
www.climateark.org
www.gcrio.org
www.ucsusa.org/global_warming

[P]ara titulares de alerta en la prensa diaria, [vis]ite www.net.org/warming

Hágaselo saber a otros

Comparta lo que ha aprendido con otras personas. Háblele a su familia, a sus amigos y a sus colegas acerca del cambio climático y de lo que pueden hacer para participar en la solución. Si tiene la oportunidad, diríjase a una audiencia más numerosa o escriba una opinión o una carta al director de su periódico local o escolar. Comparta este libro o cualquier otro recurso que pueda ayudar a otros a comprender la importancia de este problema.

Aliente a su escuela o su negocio a reducir emisiones

Usted puede extender su influencia positiva sobre las emisiones más allá de su hogar alentando a otros activa y directamente a realizar acciones adecuadas. Piense en cómo usted podría influir en otros en su lugar de trabajo, escuela, lugar de culto o donde sea.

Vote con su dinero

Averigüe qué marcas y tiendas están haciendo esfuerzos por reducir sus emisiones y para administrar sus negocios de una manera ambientalmente responsable. Apoye sus prácticas comprando sus productos y haciendo la compra en sus locales. Haga conocer sus objeciones a las compañías que se comportan de manera negligente. Hágales saber que mientras no cambien sus hábitos energéticamente ineficientes usted hará sus compras en otro sitio.

▶ Para información acerca de las prácticas ambientales y estrategias de las empresas a las que usted compra, visite www.coopamerica.org/programs/responsibleshopper, o bien www.responsibleshopper.org

Tenga en cuenta el efecto de sus inversiones

Si usted invierte, debería tener en cuenta el impacto de sus inversiones en el cambio climático. Ya sea que guarde su dinero en una simple cuenta de ahorro o en un banco cooperativo, que compre acciones, invierta en fondos comunes de inversión para su jubilación o administre los fondos del colegio de su hijo, es importante adónde va a parar su dinero.

Hay recursos para ahorradores e inversores que ayudan a asegurar que el dinero sea invertido en compañías, productos y proyectos que abordan el cambio climático y otros desafíos de la sostenibilidad de manera responsable. Más aún, tener en cuenta los problemas de sostenibilidad a la hora de tomar sus decisiones de inversión no quiere decir obtener menos beneficios de sus inversiones; en efecto, hay pruebas de que, en realidad, puede aumentarlos. Muchas de las mayores organizaciones de inversión del mundo han suscrito esta perspectiva.

▶ Puede leer algunos de estos estudios en www.socialinvest.org/areas/research

▶ Compruebe cómo puede hacer una contribución para detener el cambio climático, apoyar la sostenibilidad global y obtener interesantes beneficios financieros eligiendo sus inversiones sabiamente en www.socialinvest.org/Areas/SRIGuide

▶ Puede saber más sobre estos estudios y enfoques en www.unepfi.org y www.ceres.org

Actúe políticamente

El cambio climático es un problema global y sus acciones personales son u primer paso importantísimo hacia la reducción de los gases invernadero en EE.UU. y en todo el mundo. Para los gobiernos, se trata de un desafío básicamente político, lo que quiere de que los individuos pueden modificar la cosas presionando a sus representant electos a fin de que apoyen las medida que tienen un impacto positivo sobre l crisis climática. De manera rutinaria, e todos los niveles de gobierno se toman decisiones que tienen el potencial de afectar las emisiones de gases inverna dero. Algunas ciudades de EE.UU. han acordado reducir sus emisiones tal como lo hubiera hecho nuestro país si hubiese comprometido a ello firmando

---

IDEA EQUIVOCADA 9

«La causa del calentamiento global es un meteorito que cayó en Siberia a comienzos del siglo xx.»

Esto puede sonar absurdo para algunos de nosotros, pero se trata de una hipótesis auténtica, sugerida por un científico ruso. Entonces, ¿qué es lo que tiene de equivocado? Básicamente, todo. El impacto de un meteorito, de manera muy semejante a una erupción volcánica, podría tener efectos inmediatos en el clima si el meteorito fuera lo bastante grande. Pero no hay ningún registro de calentamiento o enfriamiento durante el periodo posterior a la caída de este bólido. Los efectos del meteorito hubiesen incluido vapor de agua, el cual sólo permanece en la capa superior de la atmósfera unos pocos años, como mucho. Cualquier efecto hubiese sido de corto plazo y no podría haberse prolongado tanto.

l Protocolo de Kioto. Éste exigía que los aíses signatarios redujesen sus misiones de gases invernadero. De echo, en diciembre de 2005, 194 iudades representantes de 40 millones e estadounidenses se comprometieron hacerlo como parte del Acuerdo para Protección del Clima de los Alcaldes e EE.UU.

Para más información, visite www.ci. eattle.wa.us/mayor/climate

stá claro que tenemos que exigir un ompromiso aún más estricto de uestro gobierno. Si no expresamos uestras opiniones fuerte y claramente, eguirán prevaleciendo los intereses orporativos particulares, los cuales se oonen con total determinación a las ducciones obligatorias de las misiones de gases invernadero.

Para saber más acerca de cuáles son las siciones de los políticos y los candidatos relación con el calentamiento global, site www.lcv.org/scorecard

Conozca los hechos y asegúrese de que se cucha su voz!

poye un grupo ambiental

ay muchas organizaciones que hacen trabajo excelente contribuyendo a lucionar la crisis climática y a todas as les vendría bien su apoyo. vestigue un poco para averiguar más bre cada una de ellas e involúcrese. gunas pocas con las que empezar n:

IDEA EQUIVOCADA 10

«En algunas zonas las temperaturas no están subiendo, por lo que el cambio global es un mito.»

Es verdad, ciertamente, que la temperatura no está subiendo en todos los puntos del planeta. En la novela *Estado de miedo*, de Michael Crichton, los personajes se pasan gráficos que muestran lugares específicos en todo el mundo en los cuales las temperaturas están bajando ligeramente o permanecen sin cambios. Los gráficos representan datos auténticos de auténticos científicos. Pero si bien se trata de un hecho, no demuestra la verdad de la afirmación. El calentamiento global se refiere a un aumento de la temperatura media de toda la superficie de la Tierra a causa de los niveles crecientes de gases invernadero.

Puesto que el clima es un sistema increíblemente complejo, los efectos del cambio climático no son los mismos en todas partes. En realidad, algunas zonas del globo podrían volverse más frías, como es el caso del norte de Europa. Pero esto no cambia el hecho de que, en total, la temperatura superficial del planeta esté aumentando, al igual que la temperatura de nuestros mares. Los incrementos han sido probados a través de muchos tipos de mediciones –incluyendo datos obtenidos mediante satélites– que muestran, todas ellas, los mismos resultados generales.

▶ **Consejo para la Defensa de los Recursos Naturales: www.nrdc.org/globalwarming/ default.asp**

▶ **Sierra Club: www.sierraclub.org/ globalwarming**

▶ **Defensa Ambiental: www. environmentaldefense.org/issue. cfm?subnav=12&LinkID=15**

AGRADECIMIENTOS

Mi esposa Tipper comenzó a incitarme a que escribiera este libro hace ya varios años, aduciendo que la preocupación y la curiosidad pública acerca del calentamiento global habían crecido considerablemente desde que yo publicara *La Tierra en juego*, a comienzos de 1992, y que ese interés público se beneficiaría de una nueva clase de libro que combinara un análisis nuevo y actualizado con fotografías y gráficos que hicieran más fácilmente comprensible la crisis climática para una audiencia más amplia. Y tal como ha ocurrido tan frecuentemente en estos treinta y seis años de matrimonio, Tipper no sólo estaba en lo cierto, sino que estuvo paciente y persistentemente en lo cierto por un considerable periodo de tiempo antes de que yo *advirtiera* que ella estaba en lo cierto. En todo caso, ella me ayudó, después, en cada etapa del proceso de convertir en realidad la idea del libro. Sin Tipper, no necesito decirlo, este libro jamás hubiera llegado a existir.

Cuando finalmente terminé de escribir el texto, a finales de 2005, ella y yo lo ensamblamos con todas las fotografías y gráficos en el orden adecuado y lo enviamos desde nuestro hogar en Nashville a mi agente, Andrew Wylie, en Nueva York, el último día del año. Andrew, como es habitual, supo exactamente cómo poner el manuscrito en las manos adecuadas para garantizar las máximas posibilidades de que se convirtiera en el libro que usted tiene delante.

Mi experiencia con Rodale ha sido poco menos que espectacular. Steve Murphy, su jefe ejecutivo, hizo de este proyecto su causa personal y movió cielo y tierra para completar un proyecto complejo e inusual de una manera hermosa y en tiempo récord. También me gustaría dar las gracias a la familia Rodale, cuyo compromiso vitalicio con el medio ambiente es una inspiración y cuyo generoso apoyo para este proyecto aprecio grandemente.

Estoy particularmente agradecido a mi editora, Leigh Haber, por su indispensable papel en dar forma a este libro, que ha sido editado con tanta habilidad. Estoy agradecido por sus sugerencias e ideas creativas y por hacer que todo el proceso fuera divertido, desde el principio hasta el final, aun cuando trabajábamos a toda velocidad para cumplir con los plazos imposiblemente apretados que teníamos. Gracias a todos los miembros de Rodale que trabajaron tan duramente en este proyecto: Liz Perl y su equipo, Tami Booth Corwin, Caroline Dube, Mike Sudik y su gran equipo de producción, Andy Carpenter y su dedicado equipo y Chris Krogermeier y su personal.

También estoy agradecido a Leigh por su decisión de invitar a Charlie Melcher y sus maravillosos y dedicados colegas de Melcher Media y mgmt.design a formar parte del extraordinario equipo creativo que Rodale organizó y Leigh dirigió. Un agradecimiento especial por muchas noches de trabajo a Jessi Rymill, Alicia Cheng y Lisa Maione. Gracias también a Brownyn Barnes, Duncan Bock, Jessica Brackman, David Brown, Nick Carbonaro, Stephanie Church, Bonnie Eldon, Rachel Griffin, Eleanor Kung, Kyle Martin, Patrick Moss, Erik Ness, Abigail Pogrebin, Lia Ronnen, Hilary Rosner, Alex Tart, Shoshana Thaler y Matt Wolf. Charlie y su grupo aportaron un enfoque extremadamente creativo y una ética laboral verdaderamente impresionante al diseño y la producción de esta compleja presentación.

Además, quisiera dar las gracias a Mike Feldman y sus colegas de Glover Park Group por su ayuda.

El libro y la película fueron proyectos separados, pero el equipo de la película merece un agradecimiento especial por toda las innumerables cosas que han hecho para facilitar el éxito de este libro, aun cuando la película estaba en las fases finales de su preparación. Gracias especialmente a:

Lawrence Bender
Scott Z. Burns
Lesley Chilcott
Megan Colligan
Laurie David
Davis Guggenheim
Jonathan Lesher
Jeff Skoll

Un agradecimiento especial para Matt Groening.

Mi amiga Elisa Etheridge fue increíblemente sensible y de enorme ayuda al componer y cantar una canción original para el final de l película.

Y muchos años antes de que hubiera una película, Gary Allison y Peter Knight ayudaro a organizar un proyecto que resultó ser de u valor inestimable en los proyectos en los qu me he embarcado en el último par de años.

Gracias a Ross Gelbspan por su trabajo dedicado e incansable.

La familia Gore en la boda de Kristin Gore y Paul Cusack, en 2005.
FILA TRASERA, DE IZQUIERDA A DERECHA: Drew Schiff, Frank Hunger, Albert Gore, Al Gore y Paul Cusack; FILA DELANTERA, DE IZQUIERDA A DERECHA: Sara Gore, Karenna Gore Schiff, Wyatt Schiff (seis años), Tipper Gore, Anna Schiff (cuatro años) y Kristin Gore.

il Buckland ha sido una ayuda genial en la
squeda de las fotografías. Es, realmente, la
rsona que más sabe de archivos
ográficos en el mundo y siempre disfruto
bajando con ella y aprendiendo de ella.

emás, la gente de Getty Images superó con
ces la llamada del deber para contribuir a
e proyecto.

oy agradecido especialmente a Jill Martin
yan Orcutt, de Duarte Design –y también a
l Boda, cuyo lugar fue ocupado por Ryan–
todas las incontables horas de los últimos
s ayudándome a encontrar imágenes y a
eñar gráficos para ilustrar conceptos y
ómenos complicados.

n Van Sant ha dedicado muchos años de su
a a concebir y crear con gran esfuerzo uno
los conjuntos de imágenes fotográficas de
ierra más notables que jamás se hayan
ducido. Cuando las vi por primera vez,
e diecisiete años, sus imágenes me
piraron y ha seguido mejorándolas desde
onces. Estoy agradecido por haber podido
izar la última imagen en alta resolución
ducida por Tom.

De entre los numerosos científicos que me
han ayudado en todos estos años a
comprender mejor los problemas aquí
tratados, quiero destacar a un pequeño grupo
que ha desempeñado un papel especial
aconsejándome con respecto a este libro y la
película que es parte del proyecto general:

James Baker
Rosina Bierbaum
Eric Chivian
Paul Epstein
Jim Hansen
Henry Kelly
James McCarthy
Mario Molina
Michael Oppenheimer
David Sandalow
Ellen & Lonnie Thompson
Yao Tandong

Además, tres distinguidos científicos cuyos
trabajos e inspiración fueron fundamentales
para este libro y que ya han fallecido:

Charles David Keeling
Roger Revelle
Carl Sagan

Agradezco a Steve Jacobs y mis amigos de
Apple Computer Inc. (estoy en la junta
directiva de la empresa) la ayuda con el
programa de *software* Keynote II, que he
utilizado asiduamente durante la confección
de este libro.

Estoy particularmente agradecido a mis
socios y colegas de Generation Investment
Managment, por su ayuda en el análisis de
diversas cuestiones complejas que son
tratadas en el libro. Y deseo dar las gracias a
mis colegas de Current TV por su ayuda en la
localización de varias de las imágenes que
hemos usado en el libro.

También me gustaría agradecer a MDA
Federal Inc. su asistencia en el cálculo y la
representación gráfica necesarios para
mostrar con precisión científica el impacto
del incremento del nivel del mar en diversas
ciudades de todo el mundo.

A lo largo de mi trabajo en este libro, Josh
Cherwin, de mi equipo, ha sido increíblemente
útil de incontables maneras. También el resto
de mi personal ha hecho un esfuerzo
tremendo:

Lisa Berg
Dwayne Kemp
Melinda Medlin
Roy Neel
Kalee Kreider

Diferentes miembros de mi familia
contribuyeron de manera directa a este
proyecto:

Karenna Gore Schiff y Drew Schiff
Kristin Gore y Paul Cusack
(Sarah Gore)
Albert Gore, III
y mi cuñado, Frank Hunger.

Todos ellos han sido mi inspiración constante
y el modo principal en que me conecto
personalmente con el futuro.

CRÉDITOS DE LAS IMÁGENES

Las ilustraciones son de Michael Fornalski
Los gráficos de información son de mgmt.design

La editorial y el encargado del montaje desean dar las gracias a las siguientes personas y organizaciones por las fotografías e imágenes con las que han contribuido a este proyecto:

Animals Animals; ArcticNet; Yann Arthus-Bertrand (www.yannarthusbertrand.com); BUck/Renewable Films; Tracy Dixon; Getty Images; Kenneth E. Gibson; Tipper Gore; Paul Grabbhorn; Frans Lanting (www.lanting.com); Eric Lee; Mark Lynas; Dr. Jim McCarthy; Bruno Messerli; Carl Page; W. T. Pfeffer; Karen Robinson; Vladimir Romanovsky; Lonnie Thompson y Tom Van Sant.

Las imágenes están indicadas por su número de página. Los derechos de autor (copyright©) de todas las fotografías e ilustraciones pertenecen a sus respectivas fuentes.

Interior de la cubierta: Eric Lee/Renewable Films (Al Gore) y NASA (Tierra); páginas 2-3: Tipper Gore; 6: cortesía de la familia Gore; 12-13: NASA; 14: NASA; 16-17: Tom Van Sant/GeoSphere Project; 18-19, página desplegable: Tom Van Sant/GeoSphere Project y Michael Fornalski; 22-23: Getty Images; 24-25: Steve Cole/Getty Images; 26-27: Tom Van Sant/GeoSphere Project y Michael Fornalski; 28-29: Derek Trask/Corbis; 32-33: Tom Van Sant/GeoSphere Project; 34-35: Tom Van Sant/GeoSphere Project y Michael Fornalski; 38-39: Antony Di Gesu/San Diego Historical Society; 40: Lou Jacobs, Jr./Scripps Institution of Oceanography Archives/Universidad de California, San Diego; 41 (superior) Bob Glasheen/The Regents of the University of California/Mandeville Special Collections Library, UCSD; (inferior) SIO Archives/UCSD; 42-43: Bruno Messerli; 44: Carl Page; 45: Lonnie Thompson; 46-47: U.S. Geological Survey; 48-49: Daniel García/AFP/Getty Images; 51: (fotografía) R. M. Krimmel/USGS; (gráfico) W. T. Pfeffer/INSTAAR/Universidad de Colorado; 52-53: Lonnie Thompson; 54-55: (composición) Daniel Beltra/ZUMA Press/Copyright de Sammlung Gesellschaft fuer oekologische Forshung; Múnich, Alemania; 58-59: Map Resources; 60-61 (todas las imágenes) Lonnie Thompson; 62: Lonnie Thompson; 65: Vin Morgan/AFP/Getty Images; 68-69: Tipper Gore; 71: (todas las fotografías) Tipper Gore; 74-75: Michaela Rehle/Reuters; 80-81: NOAA; 82: NASA; 86-87: Don Farrall/Getty Images; 88: Andrew Winning/Reuters/Corbis; 90: Robert M. Reed/USCG a través de Getty Images; 91: Stan Honda/AFP/Getty Images; 94-95: NASA; 96: (superior) David Portnoy/Getty Images; (inferior) Robyn Beck/AFP/Getty Images; 97: (superior) Marko Georgiev/Getty Images; (inferior) Reuters/Jason Reed; 98-99: Vincent Laforet/The New York Times; 103: Reuters/Carlos Barría; 104-105: (composición) NASA/NOAA/Plymouth State Weather Center; 107: Reuters/Pascal Lauener; 108-109: Keystone/Sigi Tischler; 110-111: Sebastian D'Souza/AFP/Getty Images; 112: Reuters/China Newsphoto; 113: China Photos/Getty Images; 114-115: Tom Van Sant/GeoSphere Project y Michael Fornalski; 116: (todas) NASA; 117: Stephane De Sakutin/AFP/Getty Images; 118-119: Yann Arthus-Bertrand [Carretera interrumpida por una duna, valle del Nilo, Egipto (25° 24' N 30° 26'E). (Los granos de arena, que

provienen de depósitos aluviales pertenecientes a antiguos ríos o lagos, acumulados en las depresiones suelo y tamizados por miles de años de vientos y tormentas, se apilan frente a los obstáculos y así originan las dunas. Éstas cubren casi un tercio del Sahara y la más alta, en forma lineal, puede alcanzar altura de casi 300 metros. Los barjanes son dunas cor forma de medialuna que se mueven en la dirección de viento predominante, a un ritmo que alcanza los diez metros por año, llegando a veces a cubrir obras de infraestructura como esta carretera en el valle del Nilo En el curso de la historia de nuestro planeta siempre h habido desiertos evolucionando constantemente, durante cientos de millones de años, en respuesta a lo cambios climáticos y la deriva continental. Hace 20.000 años, las montañas del centro del Sáhara estaban cubiertas de bosques y praderas; se han descubierto pinturas rupestres que representan elefantes, rinocerontes y jirafas, lo cual es una prueba de su presencia en esta región hace unos 8.000 años. La acc del hombre, en particular la sobreexplotación de la vegetación del área semiárida que rodea los desiertos también tiene un papel en la desertificación.) 120: Pau Howell/Getty Images; 121: (gráfico) Geophysical Fluid Dynamics Laboratory/NOAA; 122-123: Tipper Gore; 12 (izquierda) cortesía de la familia Gore; (derecha) Washingtonian Collection/Biblioteca del Congreso; 12 (todas las fotografías) Ollie Atkins/Saturday Evening P 127: Tom Van Sant/GeoSphere Proyect y Michael Fornalski; 128-129: Derek Mueller y Warwick Vincent/ Laval University/ArcticNet; 130-131: Peter Essick/Aur Getty Images; 132: (superior) Vladimir Romanosvky/ Geophysical Institute/UAF; (inferior) Mark Lynas; 133: (gráfico) Arctic Climate Impact Assessment; 134: (superior) Brian & Cherry Alexander Photography; (inferior) Paul Grabbhorn; 136-137: Karen Robinson; 1 David Hume Kennerly/Getty Images; 140: (superior) N Republic; (inferior) Tipper Gore; 141: White House Offic Photo; 142: Naval Historical Foundation; 145: Michael Fornalski; 146-147: Tracey Dixon; 148: Tom Van Sant/GeoSphere Project y mgmt.design; 150-151 (página desplegable): Tom Van Sant/GeoSphere Project y Mich Fornalski; 153: Benelux Press/Getty Images; 155: Kenneth E. Gibson/USDA Forest Service/www.forestryimages.org; 156-157: Peter Essik/Aurora/Gett Images; 158-160: Nancy Rhoda; 161: (superior) Nancy Rhoda; (inferior) cortesía de la familia Gore; 162: (de izquierda a derecha y de arriba abajo) Juan Manuel Renjifo/Animals Animals; David Haring/OSF/Animals

nals; Rick Price Survival/OSF/Animals Animals;
gen y Christine Sohns/Animals Animals; Johnny
nson/Animals Animals; Frans Lanting; Michael
gen/OSF/Animals Animals; Johnny Johnson/Animals
nals; Raymond Mendez/Animals Animals; Leonard
/Animals Animals; Frans Lanting; Frans Lanting;
r Weimann/Animals Animals; Don Enger/Animals
nals; Ewrin y Peggy Bauer/Animals Animals; Frans
ing; 165: Paul Nicken/National Geographic/Getty
ges; 166-167: Bill Curtsinger/National Geographic/
y Images; 168: David Wrobel/Getty Images; 169:
fico) USGCRP; 170: Janerik Henriksson/SCANPIX/
NPIX/Retna Ltd.; 171: (superior) Kustbevakningsflyget/
NPIX/Retna Ltd.; (inferior) Kustbevakningen/
NPIX/Retna Ltd.; 174: (todas las fotografías) Centers
isease Control and Prevention; 177: Tom Van Sant/
Sphere Project; 178-179: Frans Lanting; (inserción)
me Maison/Bonne Pioche/Una película de Luc
quet/Producida por producciones Bonne Pioche; 180:
sh Antarctic Survey; 182-183: (todas las imágenes de
lite) NASA; 184-185: Frans Lanting; 186-187: Mark
s; 188: Andrew Ward/Life File/Getty Images; 192: (de
ierda a derecha) Dr. Jim McCarthy; (gráfico) Buck/
ewable Films y NASA; 193: Roger Braithwaite/Peter
ld; 194-195: (gráfico) Renewable Films/ACIA; 198-
(todas las imágenes) MDA Federal Inc. y Brian
er/Renewable Films; 211-213: cortesía de la familia
; 214-215: Yann Arthus-Bertrand (Vertedero en
ad de México, México [19° 24' N, 99° 01' O]. En todos

ontinentes, los residuos domésticos se están
nulando y plantean un problema fundamental para
randes centros urbanos, al igual que el problema de
ntaminación del aire debida al tránsito de vehículos
contaminantes industriales. Con veintiún millones
esidentes, la Ciudad de México produce cerca de
00 toneladas de desechos domésticos cada día. Al
que en muchos países, la mitad de estos residuos
nvía a vertederos a cielo abierto. El volumen de
chos de nuestro planeta aumenta junto con el
imiento poblacional y, en particular, con el
imiento económico. Así, un estadounidense produce
de 750 kilogramos de desechos domésticos al año,
dedor de cuatro veces más que un residente de un
en desarrollo y el doble que un mexicano. En los
es industrializados, el volumen de desechos per
ta se ha triplicado en los últimos veinte años. El
laje, la reutilización y la reducción de los materiales
mbalaje son soluciones potenciales para los
lemas de contaminación causados por los residuos y

la incineración que, en Francia, todavía contribuyen el
41% y el 44%, respectivamente, del volumen anual de
basura); 218-219: Yann Athus-Bertrand (Distrito de
Shinjuku, en Tokio, Japón [35° 42' N, 139° 46' E]). En 1868,
Edo, originalmente una aldea de pescadores construida
en medio de un pantano, se transformó en Tokio, la
capital de Oriente. La ciudad fue devastada por un
terremoto en 1923 y por el bombardeo en 1945, y en
ambas ocasiones resurgió de sus cenizas. Con una extensión de setenta kilómetros y una población de veintiocho
millones de personas, la megalópolis de Tokio –
incluyendo las áreas vecinas como Yokohama, Kawasaki
y Chiba– constituye actualmente la región metropolitana
más grande del mundo. No fue construida según un
diseño urbano inclusivo, por lo que tiene varios centros,
de los que salen, como radios, diferentes distritos.
Shinjuku, el distrito comercial, está constituido de
manera predominante por un impresionante grupo de
edificios administrativos, lo que incluye la alcaldía de la
ciudad, una estructura de 243 metros de altura que fuera
diseñada inspirándose en la catedral de Notre Dame, en
París. En 1800, únicamente Londres tenía más de un
millón de habitantes; hoy en día, existen 326 áreas
urbanas que han alcanzado ese número, incluyendo 180
en países en desarrollo y 16 megalópolis que tienen una
población que supera los 10 millones de almas. La
urbanización ha llevado a triplicar la población que vive
en las ciudades desde 1950); 220: Peter Essick/Aurora/
Getty Images; 221: Kevin Schafer/Corbis; 222-223:
National Geographic; 224-225: Programa de las Naciones
Unidas para el Medio Ambiente; 226-227: Stephen Ferry/
Liaison/Getty Images; 228: Philippe Colombi/Getty
Images; 234: (de derecha a izquierda y de arriba hacia
abajo) Bridgeman Art Library/Getty Images; Hulton
Archive/Getty Images; Palma Collection/Getty Images;
Bettman/Corbis; 235: Corbis; 236: Dean Conger/Corbis;
237: Photodisc/Getty Images; 238-239: Beth Wald/
Aurora/Getty Images; 240-241: Baron Wolman/Corbis;
242-243: USGS; 244-245: David Tunley/Corbis; 246-247:
Digital Vision/Getty Images; 248-249: NASA; 257: cortesía
de la familia Gore; 258: (superior) Ollie Atkins/*Saturday
Evening Post*; (inferior) Ollie Atkins/Saturday Evening
Post; 264: The New York Times; 271: Casa Blanca; 277: (de
izquierda a derecha y de arriba hacia abajo) William
Thomas Cain/Getty Images; Koichi Kamoshida/Getty
Images; Mark Segal/Getty Images; Ciudad de Chicago;
Joe Raedle/Getty Images; Davis Paul Morris/Getty
Images; James Davis/Eye Ubiquitous/Corbis; 278-279:
Yann Arthus-Bertrand (Parque eólico marino de

Middlegrunden, cerca de Copenhague, Dinamarca [55°
40' N, 12° 38' E]. En el estrecho de Øresund, que separa
Dinamarca de Suecia, se levanta desde fines de 2000 uno
de los parques eólicos de mayor tamaño del mundo. Sus
doce turbinas, cada una provista de un rotor de 76
metros de diámetro que se halla a 64 metros por encima
del agua, forman un arco que tiene una longitud de 3,4
kilómetros. Con sus 40 megavatios de potencia, el parque
produce cada año 89.000 megavatios (alrededor del 3%
del consumo eléctrico de Copenhague). Dinamarca
planea satisfacer el 40% de sus necesidades eléctricas
mediante la energía eólica en 2030, mucho más que el
13% de 2001. A pesar de que las formas renovables de
energía todavía constituyen menos del 2% de la energía
primaria utilizada en todo el mundo, sus ventajas
ecológicas están suscitando mucho interés. Gracias al
progreso técnico, que ha reducido el ruido producido por
los parques eólicos –instalados a 500 metros de áreas
residenciales–, la resistencia se está desvaneciendo. Y
con un crecimiento anual medio del 30% en los últimos
cuatro años, los parques eólicos parecen haber llegado
para quedarse); 284-285: Cortesía de National Archives;
287: Callie Shell; 290-291: (de izquierda a derecha y de
arriba abajo) Hulton Archive/Getty Images; G. A. Russell/
Corbis; National Archives; Time Life Pictures/U.S. Coast
Guard/Time Life Pictures/Getty Images; Bettman/Corbis;
AFP/Getty Images; 292-293: NASA; 295: NASA; 296-297:
Telescopio Subaru, Observatorio Astronómico Nacional
de Japón; 298-299: NASA; 300-301: NASA; 302-303:
NASA; 306: Royalty-Free/Corbis; 311: Paul Costello/Getty
Images; 314: Michael S. Yamashita/Corbis; 319: Joel W.
Rogers/Corbis; 322: Tipper Gore; solapa interna de la
cubierta trasera: National Optical Astronomy
Observatory/Association of Universities for Research in
Astronomy/National Science Foundation.

RÍO CANEY FORK, CARTHAGUE,
TENNESSEE, 2006.
FOTOGRAFÍA DE TIPPER GORE.